Das Buch

Warum erkennen Frauen ein blondes Haar auf dem Kragen eines Mannes aus fünfzig
Meter Entfernung, aber rammen die Garagentür beim Einparken?
Warum finden Männer nie etwas in Kühlschränken oder Schubladen, aber entdecken
immer den kürzesten Weg zur nächsten Kneipe?
Spätestens seit den Büchern von Allan und Barbara Pease wissen wir: Männer und
Frauen sind verschieden. Amüsant, lehrreich und mit vielen Aha-Effekten zeigt das er-
folgreiche Autorenpaar die fundamentalen Unterschiede zwischen weiblichen und
männlichen Denk- und Verhaltensmustern auf und skizziert deren Folgen für das
Abenteuer einer Partnerschaft.
Mit den humorvollen, hintersinnigen Illustrationen von Peter Gaymann bietet dieses
Buch Erklärung und Entlastung für all jene Männer und Frauen, die sich immer wie-
der verzweifelt fragen, warum sie vom anderen Geschlecht nicht verstanden werden.

Die Autoren

Allan und Barbara Pease gehören zu den erfolgreichsten Kommunikationstrainern der
Welt. Mit seinen Bestsellern avancierte das Autorenpaar aus Australien zu international
anerkannten Beziehungsexperten. Bei Ullstein sind erschienen: »Warum Männer
nicht zuhören und Frauen schlecht einparken«, »Warum Männer lügen und Frauen
immer Schuhe kaufen«, »Das Testbuch«, »Der tote Fisch in der Hand und andere Ge-
heimnisse der Körpersprache«.
Peter Gaymann, 1950 in Freiburg geboren, ist einer der bekanntesten Zeichner
Deutschlands. Seit vielen Jahren hat er eine Cartoon-Seite in der Zeitschrift *Brigitte*.
Der Fachmann für gezeichnete Paarprobleme, bekannt auch durch seine Hühner-
Motive, hat zahlreiche Bücher veröffentlicht. Peter Gaymann lebt in Köln.

Allan & Barbara Pease

Männer zappen und Frauen wollen immer reden

Mit Illustrationen von Peter Gaymann

Aus dem Englischen
von Anja Giese

Ullstein

Die Originalausgabe erschien erstmals 1999 bei Pease Training International Pty Ltd.
Die vorliegende überarbeitete Fassung erschien 2003 unter dem Titel
Why Men Can Only Do One Thing at a Time and Women Never Stop Talking bei Orion, London.
Die Texte dieses Buches wurden erstmals unter dem Titel
Warum Männer nicht zuhören und Frauen schlecht einparken veröffentlicht.

Besuchen Sie uns im Internet:
www.ullstein-taschenbuch.de

Umwelthinweis:
Dieses Buch wurde auf chlor- und säurefreiem Papier gedruckt.

Ungekürzte Ausgabe im Ullstein Taschenbuch
1. Auflage Juni 2005
© 2003 der deutschsprachigen Ausgabe bei Ullstein Buchverlage GmbH, Berlin
© 2003 by Allan & Barbara Pease
Published by Arrangement with Pease International Pty Ltd.
Lektorat: Margret Plath
Umschlaggestaltung: Büro Hamburg
Titelabbildung: © by P. Gaymann und S. Liebrecht, Agentur
Satz: LVD GmbH, Belin
Druck und Bindearbeiten: Ebner & Spiegel, Ulm
Printed in Germany
ISBN-13: 978-3-548-36753-8
ISBN-10: 3-548-36753-4

Inhalt

Einführung

Frauen und Männer sind verschieden. Nicht besser oder schlechter, sondern verschieden. Außer der Tatsache, dass sie der gleichen Spezies angehören, gibt es keine nennenswerten Gemeinsamkeiten zwischen ihnen. Sie leben in unterschiedlichen Welten, haben andere Wertvorstellungen und gehorchen anderen Gesetzmäßigkeiten. Das wissen alle, aber nur sehr wenige – vor allem Männer – sind bereit, es auch zu akzeptieren. Doch genau hier liegt das Problem. Man muss sich nur die Fakten ansehen: In der westlichen Welt endet etwa die Hälfte aller Ehen vor dem Scheidungsrichter, und ein Großteil aller ernst gemeinten Beziehungen scheitert, bevor sie so richtig in Gang gekommen sind. Für Frauen und Männer aller Kulturkreise, Religionen und Hautfarben stellen die Ansichten, Verhaltensweisen, Haltungen und Überzeugungen ihres Partners eine unüberwindbare Hürde dar.

Wenn ein Mann die Toilette aufsucht, dann tut er das gewöhnlich nur aus einem Grund. Für Frauen dagegen ist die Toilette Gesellschaftsraum und Therapiezentrum in einem. Frauen, die sich zum ersten Mal vor dem Spiegel des Waschraums begegnen, können als ein Herz und eine Seele zur Tür herauskommen und lebenslang Freundinnen bleiben. Wenn dagegen ein Mann ausrufen würde: »He, Frank, ich muss mal auf die Toilette, kommst du mit?«, würde er mit unverhohlenem Misstrauen gemustert werden.

Männer haben die ausschließliche Verfügungsgewalt über TV-Fernbedienungen und zappen vorwärts und rückwärts durch die Kanäle; Frauen stört es nicht, sich auch hin und wieder ein wenig Werbung anzusehen. Wenn Männer unter Druck stehen, schütten sie sich mit Alkohol voll und ziehen gegen andere Länder in den Krieg; Frauen naschen lieber Schokolade und machen einen Einkaufsbummel.

Frauen kritisieren Männer, weil sie gefühllos und gleichgültig sind, nicht zuhören, wenig warmherzig und mitfühlend sind, weil sie nicht reden, zu sparsam mit Liebesbezeugungen umgehen, nicht bereit sind, sich für Beziehungen einzusetzen, Sex statt Liebe machen wollen und die Klobrille nicht runterklappen. Männer kritisieren Frauen wegen ihrer angeblich bescheidenen Fahrkünste, weil sie Stadtpläne nicht lesen können, Straßenkarten verkehrt herum halten, keinen Orientierungssinn haben, zu viel reden, ohne zum Wesentlichen zu kommen, nicht häufig genug nach Sex verlangen und den Klositz nicht wieder hochklappen. Männer scheinen außerstande zu sein, Sachen zu finden, ihre CD-Sammlung dagegen ist alphabetisch geordnet. Frauen finden immer die verlegten Autoschlüssel wieder, selten aber den kürzesten Weg zu ihrem Ziel. Männer denken, sie wären das vernünftigere Geschlecht. Frauen wissen, dass sie es sind.

Wie viele Männer benötigt man, um eine Rolle Klopapier auszuwechseln?
Keine Ahnung. Männer wechseln keine Klopapierrollen aus.

Frauen sind fassungslos, wie wenig Beobachtungsgabe Männer haben. Männer wundern sich darüber, wie Frauen das rot aufblinkende Warnlämpchen auf dem Armaturenbrett übersehen, dafür aber in einer dunklen Ecke aus fünfzig Metern Entfernung eine schmutzige Socke erspähen können. Frauen finden es unfassbar, dass Männern ein kurzer Blick in den Rückspiegel genügt, um ihr Auto mit schlafwandlerischer Sicherheit perfekt in eine winzige Parklücke einzuparken, auf der anderen Seite aber nicht in der Lage sind, den G-Punkt zu finden.

In der heutigen Gesellschaft will man mit aller Macht daran glauben, dass Frauen und Männer genau die gleichen Fähigkeiten, Talente und Potentiale haben, und das ironischerweise zu einem Zeitpunkt, da Wissenschaftler die ersten unwiderlegbaren Beweise dafür gefunden haben, dass genau das Gegenteil der Fall ist.

Wohin führt das unsere Gesellschaft? Auf ziemlich wackeligen Boden. Nur wenn wir die Unterschiede zwischen Frau und Mann verstehen, können wir wirklich damit beginnen, unsere gemeinsamen Stärken auszubauen, statt unsere individuellen Schwächen zu pflegen. In diesem Buch berufen wir uns auf die neusten Erkenntnisse der Humanevolution und zeigen, wie sie auf die Beziehung zwischen Männern und Frauen angewandt werden können. Die Schlüsse, die wir daraus ziehen, können uns das nötige Verständnis für die merkwürdige Dynamik verschaffen, die zwischen Frauen und Männern besteht.

Dieses Buch ist all den Männern und Frauen gewidmet, die sich auch schon einmal um zwei Uhr morgens haareraufend gegenübergesessen und ihre Partner beschworen haben: »Warum kannst du mich einfach nicht verstehen?« Beziehungen gehen in die Brüche, weil Männer immer noch nicht begreifen, weshalb eine Frau nicht wie ein Mann sein kann, und weil Frauen von ihren Männern erwarten, dass sie genauso reagieren wie sie selbst. Dieses Buch ist nicht nur eine Hilfe für den Umgang mit dem anderen Geschlecht, es hilft auch, sich selbst besser zu verstehen – die Voraussetzung für ein glückliches, gesundes und harmonisches Leben zu zweit.

Gleiche Spezies, andere Welten

Frauen sammelten. Frauen ernährten

 Es war ziemlich einfach: Er war der Beutejäger, sie die Nesthüterin. Die Rolle der Frau war klar: Sie gebar den Nachwuchs, was entscheidend die evolutionsgeschichtliche Entwicklung und Ausbildung der Fähigkeiten bestimmte, die sie benötigte, um ihrer Rolle gerecht werden zu können. Sie musste in der Lage sein, ihre direkte Umgebung nach Anzeichen von Gefahren abzusuchen, und brauchte einen ausgezeichneten Orientierungssinn für kurze Strecken, wobei sie sich an auffälligen Formationen oder Ähnlichem orientierte. Außerdem musste ihre Fähigkeit, auch kleine Veränderungen im Verhalten und im Äußeren ihrer Kinder und anderer Erwachsener wahrzunehmen, hoch entwickelt sein.

Ihr Erfolg maß sich allein an ihrer Fähigkeit, sich um ihre Familie zu kümmern. Ihr Selbstwertgefühl hing von der Würdigung ihrer Fähigkeiten als Mutter und »Hausfrau« durch den Mann ab. Nie kam jemand auf die Idee, von ihr zu erwarten, dass sie Tiere erlegte, Feinde bekämpfte oder Glühbirnen auswechselte.

Männer jagten. Männer beschützten

Der Aufgabenbereich des Mannes war klar und eindeutig festgelegt: Er war der Beutejäger – und mehr wurde von ihm nicht erwartet. Der Mann wagte sich Tag für Tag in eine feindliche und gefährliche Welt hinaus, wo er als Jäger sein Leben riskierte, um seiner Frau und seinen Kindern Nahrung zu beschaffen, und zu Hause verteidigte er sie gegen wilde Tiere und andere Feinde. Um ergiebigere Nahrungsquellen auszumachen und dann die Beute nach Hause bringen zu können, entwickelte er einen ausgeprägten Orientierungssinn über große Distanzen. Damit er auch eine sich bewegende Beute erlegen konnte, eignete er sich eine große Zielsicherheit an.

Sein Erfolg als Mann wurde an seiner Fähigkeit gemessen, eine Beute zu erlegen und heimzubringen, und sein Selbstwertgefühl hing davon ab, inwieweit die Frau seine Leistungen und seine Bemühungen würdigte. Für ihn war es vollkommen unerheblich, die »Beziehung zu analysieren«, ebenso wenig erwartete man von ihm, den Müll rauszubringen oder dem Nachwuchs die Windeln zu wechseln.

Warum Männer nicht in der Lage sind, etwas in Kühlschränken zu finden ...

... oder überzeugend zu lügen

Frauen haben von Natur aus ein feines Gespür für andere

Frauen haben viel feiner eingestellte Sensoren als Männer. Für ihre Aufgabe als Mutter und Nesthüterin mussten sie in der Lage sein, feine Stimmungsschwankungen und Veränderungen im Verhalten ihres Nachwuchses zu bemerken, die auf Schmerz, Hunger, Verletzungen, Aggression oder Depression hinweisen konnten. Diese hoch entwickelte Fähigkeit bezeichnet man gemeinhin als »weibliche Intuition«. Untreue Ehemänner, die von ihren Frauen ertappt wurden, macht diese Fähigkeit seit Jahrhunderten ratlos.

>»Meine Frau kann aus fünfzig Metern
>Entfernung **ein blondes Haar**
>**auf meinem Mantel** ausfindig machen.
>Doch jedes Mal, wenn sie das Auto
>in die Garage fahren will,
>stößt sie gegen die Garagentür.«

Eine Frau kennt die Freunde, Hoffnungen, Träume, Romanzen und heimlichen Ängste ihrer Kinder, sie weiß, was sie denken, wie sie sich fühlen, und in der Regel auch, was sie gerade aushecken. Männer dagegen sind sich höchstens vage der Tatsache bewusst, dass auch ein paar Pimpfe im Haus leben.

Ein Mann muss erst erleben, dass eine Frau in Tränen ausbricht, einen Wutanfall bekommt oder ihm ein paar Ohrfeigen gibt, bevor er kapiert, dass etwas nicht stimmt

Männer sind Beutejäger und konnten sich daher nie lange genug in der Nähe der Höhle aufhalten, um nonverbale Signale oder die Dynamik der zwischenmenschlichen Kommunikation deuten zu lernen.

Gehirn-Scans zeigen, dass im Gehirn eines Mannes, das sich im Ruhezustand befindet, die elektrischen Gehirnströme um mindestens siebzig Prozent heruntergefahren werden. Gehirn-Scans bei Frauen, deren Gehirne sich ebenfalls im Ruhezustand befanden, ergaben dagegen neunzig Prozent Aktivität. Damit wurde die Annahme bestätigt, dass Frauen ständig Informationen aus ihrer Umgebung empfangen und analysieren.

Frauen werden nur selten dabei ertappt, wie sie nach einem Mann »schielen«, weil sie ein größeres peripheres Sehvermögen haben

Sexforscher berichten, dass Frauen Männern genauso oft – wenn nicht häufiger – hinterhergucken wie Männer Frauen. Frauen haben nicht nur mehr verschiedene Arten von Zäpfchen in der Netzhaut – weshalb sie Farben genauer beschreiben können –, sondern auch ein größeres peripheres Sehvermögen als Männer. Als Nesthüterinnen besitzen sie eine Gehirn-Software, mit der sie ein Blickfeld von mindestens 45 Grad rechts und links von ihrem Kopf sowie oberhalb und unterhalb ihrer Nase einsehen können. Das periphere Blickfeld vieler Frauen reicht sogar bis zu fast 180 Grad.

Männer haben ein engeres, tunnelartiges Blickfeld. Deshalb ist es immer so offensichtlich, wenn sie einer Frau hinterherschauen. Sie müssen ihren Kopf drehen

Die Augen eines Mannes sind größer als die einer Frau, und sein Gehirn hat sie für eine Art tunnelförmiges Langstreckensehen konfiguriert. Das heißt, er kann klar und deutlich Dinge gerade vor sich wahrnehmen, wenn auch in einem engeren Feld und auf größere Distanzen, mehr oder weniger wie mit einem Fernglas.

Frauen verstecken immer Dinge
vor den Männern

Eigentlich stimmt das nicht; es kommt den Männern nur so vor. Männer beschuldigen Frauen gern, Dinge in Schubladen und Schränken vor ihnen zu verstecken. Socken, Schuhe, Unterwäsche, Butter, Autoschlüssel und Geldbeutel – es ist alles da, sie können es nur nicht sehen. Mit ihrem größeren peripheren Gesichtsfeld kann eine Frau den Inhalt eines Kühlschranks oder eines Schranks praktisch ohne eine einzige Kopfbewegung erfassen. Das weibliche Geschlechtshormon Östrogen, das die Nervenzellen anregt, mehr Verbindungen zwischen den beiden Gehirnhälften herzustellen, versetzt die Frau in die Lage, einzelne Fragmente in einer Schublade, einem Schrank oder irgendwo im Zimmer wahrzunehmen und sie später in der Erinnerung zu Gegenständen zusammenzusetzen – so dass sie dann sagen kann, dass die Butter oder Marmelade im Kühlschrank ist.

Eine Frau kann sich **viel Stress ersparen**,
wenn sie begreift, dass ein Mann
Probleme hat, Dinge zu sehen,
die sich direkt vor seiner Nase befinden.

Der moderne Mann findet problemlos den Weg zu einer entlegenen Kneipe, selten aber Dinge in Schränken, Schubladen und Kühlschränken

Neuere Forschungen behaupten, dass das männliche Gehirn im Kühlschrank nach dem Wort B-U-T-T-E-R sucht. Wenn die Dose aber falsch herum steht, kann er die Butter im wahrsten Sinn des Wortes nicht sehen. Aufgrund ihres tunnelartigen Blickfeldes drehen Männer ihren Kopf. Sie bewegen ihn von rechts nach links und von oben nach unten, während sie den Kühlschrank nach dem »verschwundenen« Objekt absuchen. Die Augen des Mannes sind auf lange Distanzen ausgerichtet, deshalb können sie Dinge direkt vor ihnen nicht entdecken – Schlüssel, Socken usw.

Wenn eine Frau zu einem Mann sagt:
»Es ist im Schrank!«,
dann sollte er ihr glauben
und mit der Suche fortfahren.

Frauen können besser flunkern

Untersuchungen zeigen, dass bei der Kommunikation von Angesicht zu Angesicht die nonverbalen Signale sechzig bis achtzig Prozent der Wirkung der übermittelten Botschaft ausmachen und nur der restliche Anteil auf die akustischen Signale entfällt. Die besser entwickelte Sensorenausstattung einer Frau nimmt diese Informationen auf und analysiert sie. Aufgrund der Fähigkeit des weiblichen Gehirns zu einem schnellen Austausch zwischen den beiden Gehirnhälften hat die Frau einen eindeutigen Vorsprung gegenüber dem Mann, verbale, visuelle und andere Signale zueinander in Beziehung zu setzen und sie anschließend zu entschlüsseln.

Frauen können die **kleinste Lüge kilometerweit erkennen**.
Deshalb gelingt es auch den wenigsten Männern,
bei einer Frau mit einer Lüge
durchzukommen, wenn sie sie ihr von
Angesicht zu Angesicht sagen.

Männer können Frauen nicht so leicht hinters Licht führen

Die meisten Frauen wissen, dass es relativ leicht ist, einem Mann einen Bären aufzubinden und ihm dabei fest ins Auge zu blicken, verfügt er doch nicht über das nötige Einfühlungsvermögen, um Widersprüchlichkeiten zwischen ihren verbalen und nonverbalen Signalen zu bemerken.

Wenn ein Mann einer Frau eine Lüge auftischen will, täte er besser daran, das per Telefon, in einem Brief oder bei absoluter Dunkelheit und mit einer dicken Decke über dem Kopf zu tun.

Frauen können Gefühle
am Klang der Stimme erkennen

 Frauen haben das bessere Gehör für leichte Veränderungen in der Lautstärke und Tonhöhe einer Stimme. Dadurch bleiben Gefühlsschwankungen bei Kindern und Erwachsenen von ihnen selten unbemerkt. Diese Fähigkeit hilft einem schon ein gutes Stückchen weiter, wenn man den typisch weiblichen Satz »Sprich nicht in diesem Ton mit mir!« erklären will, den Frauen so häufig gegenüber Männern und Jungen gebrauchen. Die meisten Männer haben nicht den leisesten Schimmer, wovon die Frauen überhaupt reden.

Der Vorsprung, den Frauen wegen
ihres besseren Gehörs haben,
trägt wesentlich zu dem bei, was allgemein
als **»weibliche Intuition«** bezeichnet wird.
Er ist auch einer der Gründe dafür, dass eine Frau
bei Gesprächen zwischen den Zeilen lesen kann.

Männer können das nicht

Männer sollten sich dadurch jedoch nicht entmutigen lassen. Ihre Fähigkeiten beim Erkennen und Imitieren von Tiergeräuschen sind ausgezeichnet, was sicher ein unglaublicher Vorteil für den Jäger der Frühzeit war.

Leider sind diese Fähigkeiten heutzutage nur noch von zweifelhaftem Nutzen.

Jungen werden häufig von ihren Lehrern und Eltern bestraft, weil sie nicht zuhören. Bei ihnen kommt es während der Wachstumsphasen – besonders, wenn sie auf die Pubertät zusteuern – in den Ohrkanälen zu regelrechten Wachstumsschüben, die eine Art vorübergehende Schwerhörigkeit hervorrufen können. Man fand heraus, dass Lehrerinnen Mädchen anders als Jungen tadeln und instinktiv das unterschiedliche Hörverhalten von Mädchen und Jungen verstehen.

Wenn ein Mädchen sich weigert, Blickkontakt zur Lehrerin zu halten, während diese sie tadelt, fährt die Lehrerin fort, ihr Vorhaltungen zu machen. Wenn dagegen ein Junge keinen Blickkontakt zu ihr herstellt, verstehen viele Lehrerinnen instinktiv, dass er sie wahrscheinlich nicht hören kann beziehungsweise nicht hinhört, und sagen: »Schau mich an, wenn ich mit dir rede!«

Bei jeder kleinsten sexuellen Erregung stellt sich bei Horst der Wirbel am Hinterkopf – du, ich glaub, ich muss mal runter!

In einem Raum mit fünfzig Personen braucht eine Frau
im Durchschnitt **weniger als zehn Minuten,**
bis sie die Beziehungen zwischen den einzelnen Paaren
im Raum analysiert hat. Sie hat bereits alle Gesichter
eingeordnet und weiß, was was und wer wer ist
und wie sich alle fühlen.

Männer sind nicht unempfänglich für Details,
aber **ihr Gehirn ist einfach nicht so konstruiert,**
dass es nonverbale Signale aufnimmt,
die es Frauen ermöglichen, jedes Detail
und jede Veränderung im Auftreten
anderer zu registrieren.

Männer haben kein Auge für Details

Lyn und Chris kehren von einer Party nach Hause zurück. Er fährt, sie sagt ihm, wo er langfahren muss. Gerade hatten sie eine kleine Auseinandersetzung, weil sie ihm gesagt hatte, er solle links abbiegen, obwohl sie eigentlich rechts meinte. Nach neun Minuten Schweigen beginnt er den Verdacht zu hegen, dass etwas nicht stimmt.

»Liebling … ist alles in Ordnung?«, fragt er.

»Natürlich, alles bestens!«, gibt Lyn zurück.

Die Betonung des Wortes »bestens« lässt darauf schließen, dass das genaue Gegenteil der Fall ist. Er lässt sich den Abend noch mal durch den Kopf gehen. »Habe ich heute Abend etwas falsch gemacht?«

»Ich will nicht darüber reden!«, bellt sie ihn an.

Das bedeutet, dass sie verärgert ist und darüber reden will. Er dagegen weiß beim besten Willen nicht, was er jetzt schon wieder angestellt hat, um sie so zu verärgern.

»Aber – was habe ich denn getan?«, fragt er verwirrt. »Ich habe keine Ahnung, was ich falsch gemacht habe.«

Meistens sagt der Mann bei einer Unterhaltung wie der obigen die Wahrheit. Er versteht wirklich nicht, wo das Problem liegt.

»Also gut«, sagt sie. »Ich werde dir sagen, was los ist, obwohl du ruhig aufhören könntest, dich dumm zu stellen!«

Doch er stellt sich nicht dumm. Er weiß tatsächlich nicht, woher der Wind weht.

Sie holt tief Luft. »Den ganzen Abend war dieses Flittchen hinter dir her und hat mit dir geflirtet, dass einem schlecht werden konnte, und du hast nicht das kleinste bisschen unternommen, um sie loszuwerden – im Gegenteil: Du hast sie auch noch ermuntert!«

Chris fällt aus allen Wolken. Welches Flittchen denn, um Himmels willen? Er, geflirtet? Wann denn? Davon hat er nichts bemerkt. Während seiner Unterhaltung mit dem »Flittchen« war ihm nicht aufgefallen, dass sie ihm ihre Hüften entgegengeschoben, ihr Haar zurückgeworfen, ihm lange Blicke zugeworfen, den Stiel ihres Weinglases gestreichelt und wie ein Schulmädchen geredet hat. Der Mann ist ein Jäger. Er hat nicht die Antennen einer Frau, um visuelle Signale und Lautäußerungen sowie die Körpersprache von jemandem zu registrieren, der flirtet. Jede Frau auf der Party hat gesehen, was das »Flittchen« vorhatte, ohne auch nur den Kopf drehen zu müssen. Eine telepathische »Flittchen-Warnung« ist ausgesendet und von allen anwesenden Frauen empfangen worden. An den meisten Männern ist sie jedoch komplett vorbeigegangen.

Wenn ein Mann also behauptet,
dass er nichts bemerkt habe,
dann entspricht das höchstwahrscheinlich der **Wahrheit**.
Männergehirne sind nicht darauf ausgerichtet,
Details zu sehen oder zu hören.

Alles passiert im Kopf

Fragen Sie Frauen und Männer doch einmal,
ob sie glauben,
dass das weibliche und das männliche Gehirn
unterschiedlich arbeiten.
Männer werden antworten,
dass sie glauben, dem sei so,
tatsächlich hätten sie neulich
etwas in dieser Richtung im Internet gelesen …
Frauen dagegen antworten,
ohne zu zögern:
»Natürlich tun sie das!
Nächste Frage!«

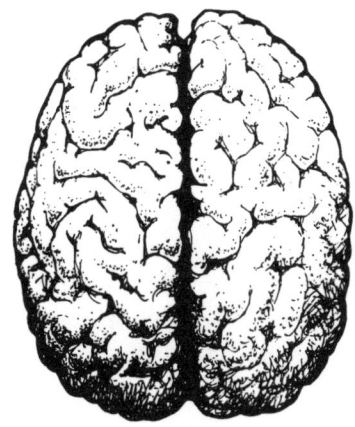

Linke Gehirnhälfte

▶ Rechte Körperseite
▶ Mathematik
▶ Verbale Äußerungen
▶ Logik
▶ Fakten
▶ Deduktionen
▶ Analysen
▶ Praktisches
▶ Ordnung
▶ Liedtexte
▶ Geradliniges Denken
▶ Detailwahrnehmung

Rechte Gehirnhälfte

▶ Linke Körperseite
▶ Kreativität
▶ Künstlerische Anlagen
▶ Visuelle Wahrnehmungen
▶ Intuition
▶ Ideen
▶ Vorstellungsvermögen
▶ Holistisches Denken
▶ Liedmelodien
▶ Wahrnehmung des
   »Großen Ganzen«
▶ Räumliche Wahrnehmung
▶ Gleichzeitige Bearbeitung
   mehrerer Vorgänge

Das weibliche Gehirn

Das weibliche Gehirn hat einen um zehn Prozent
dickeren Nervenfaserstrang zwischen
der rechten und der linken Gehirnhälfte
und dreißig Prozent mehr Verbindungen zwischen ihnen.
Deshalb können Frauen laufen, reden
und sich die Lippen schminken –
alles gleichzeitig.

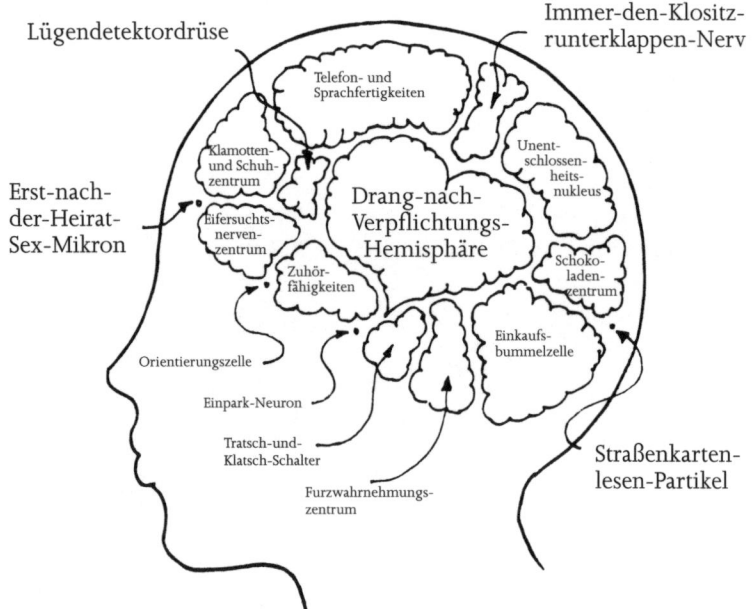

Lügendetektordrüse

Immer-den-Klositz-
runterklappen-Nerv

Telefon- und
Sprachfertigkeiten

Klamotten-
und Schuh-
zentrum

Unent-
schlossen-
heits-
nukleus

Erst-nach-
der-Heirat-
Sex-Mikron

Eifersuchts-
nerven-
zentrum

Drang-nach-
Verpflichtungs-
Hemisphäre

Zuhör-
fähigkeiten

Schoko-
laden-
zentrum

Orientierungszelle

Einkaufs-
bummelzelle

Einpark-Neuron

Tratsch-und-
Klatsch-Schalter

Straßenkarten-
lesen-Partikel

Furzwahrnehmungs-
zentrum

Das männliche Gehirn

Das männliche Gehirn
ist stärker in Teilbereiche aufgegliedert.
Deshalb können sich Männer
immer nur auf **eine Sache**
zurzeit konzentrieren.

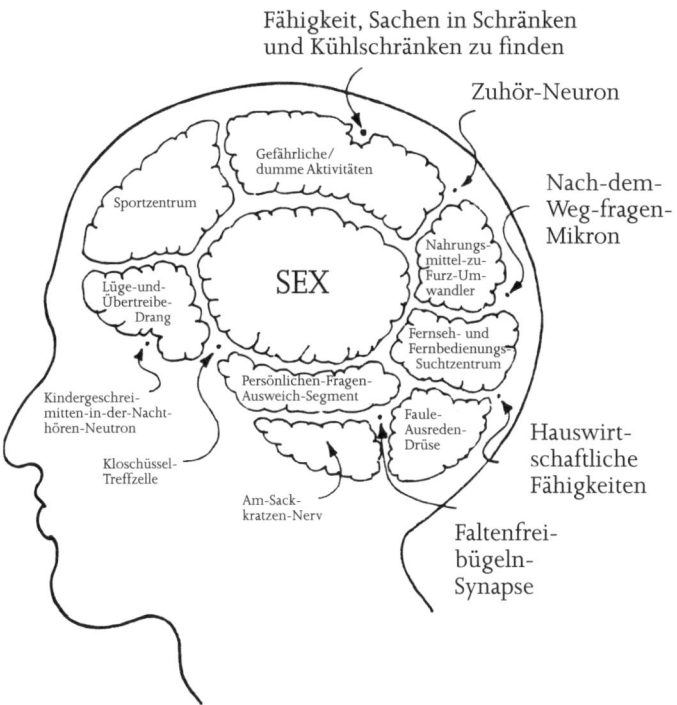

Fähigkeit, Sachen in Schränken
und Kühlschränken zu finden

Zuhör-Neuron

Gefährliche/
dumme Aktivitäten

Sportzentrum

Nach-dem-
Weg-fragen-
Mikron

Lüge-und-
Übertreibe-
Drang

SEX

Nahrungs-
mittel-zu-
Furz-Um-
wandler

Fernseh- und
Fernbedienungs-
Suchtzentrum

Kindergeschrei-
mitten-in-der-Nacht-
hören-Neutron

Persönlichen-Fragen-
Ausweich-Segment

Faule-
Ausreden-
Drüse

Hauswirt-
schaftliche
Fähigkeiten

Kloschüssel-
Treffzelle

Am-Sack-
kratzen-Nerv

Faltenfrei-
bügeln-
Synapse

Frauen können spielend
mehrere Arbeitsgänge gleichzeitig erfüllen

Eine Frau kann mehrere unterschiedliche Sachen gleichzeitig tun. Ihr Gehirn ist nie im Leerlauf, sondern immer aktiv. Sie kann telefonieren, während sie kocht, und nebenbei noch fernsehen. Sie kann auch gleichzeitig Auto fahren, das Make-up auflegen und Radio hören, während sie über die Freisprechanlage telefoniert.

Da bei Frauen stets beide Gehirnhälften aktiv sind, fällt es vielen schwer, die linke und die rechte Hand auseinander zu halten. Das Ergebnis ist, dass Frauen auf der ganzen Welt von Männern kritisiert werden, weil sie ihnen gesagt haben, sie sollen rechts abbiegen – obwohl sie eigentlich links meinten.

Eins nach dem anderen

Wenn ein Mann ein neues Rezept ausprobiert und man ihn während des Kochens anspricht, wird er höchstwahrscheinlich ärgerlich, weil er nicht gleichzeitig das Rezept lesen und einem zuhören kann.

Wenn man einen Mann anspricht, der sich gerade rasiert, kann man davon ausgehen, dass er sich schneidet. Wenn er einen Nagel in die Wand schlägt und es klingelt an der Tür, trifft er seinen Daumen. Wenn man mit ihm redet, während er Auto fährt, verpasst er die Ausfahrt. Das alles sind ausgezeichnete Taktiken, um sich an einem Mann zu rächen.

Ich kann jetzt nicht telefonieren. Du hältst mich vom Arbeiten ab.

Was kostet ein Gehirn?

Einem Patienten steht eine Gehirntransplantation bevor, und der Arzt klärt die Familie auf: »Ein Gehirn ist sehr teuer. Für die Kosten werden Sie selbst aufkommen müssen.«

»Wie viel kostet denn so ein Gehirn?«, fragen die Verwandten.

»Ein männliches Gehirn kostet 500 000 Euro, ein weibliches 200 000«, antwortet der Arzt.

Einige der jüngeren Verwandten bemühen sich darum, ein entsetztes Gesicht zu machen, doch alle Männer nicken wissend. Die Tochter des Patienten hat die Antwort jedoch nicht überzeugt, und sie fragt: »Warum ist da ein Unterschied zwischen einem männlichen und einem weiblichen Gehirn?«

»Das ist die übliche Preispolitik«, sagt der Arzt. »Das Gehirn einer Frau kommt billiger, weil es bereits benutzt wurde.«

Reden und Zuhören

Der Alptraum eines jeden Mannes ...

Allan und Barbara waren zu einer Cocktailparty eingeladen. Barbara hatte sich ein neues Kleid gekauft und wollte todschick auf der Party erscheinen. Sie hielt zwei Paar Schuhe hoch, ein Paar blaue und ein Paar goldene. Dann stellte sie Allan die gefürchtete Frage: »Liebling, welche Schuhe passen am besten zu meinem Kleid?«

Allan lief es eiskalt über den Rücken. Er wusste, dass er gleich in ziemlichen Schwierigkeiten stecken würde. »Äh ... hmm ... welche dir am besten gefallen, Liebling«, stammelte er.

»Also, nun sag schon, Allan«, forderte sie ihn ungeduldig auf, »welches Paar sieht besser zu meinem Kleid aus ... das blaue oder das goldene?«

»Das goldene!«, antwortete er nervös.

»Und was stört dich an den blauen Schuhen?«, fragte sie. »Sie haben dir noch nie gefallen! Ich habe ein Vermögen dafür ausgegeben, und du findest sie fürchterlich, oder?«

Allans Schultern sackten nach vorn. »Wenn du meine Meinung nicht hören willst, Barbara, dann frag doch nicht!«

Er war der Meinung, dass er ein Problem lösen sollte, aber nachdem er es gelöst hatte, war sie alles andere als dankbar. Barbara hingegen hatte nichts anderes getan, als einer typisch weiblichen Tätigkeit nachzugehen: laut zu denken. Sie hatte sich bereits für ein bestimmtes Paar Schuhe entschieden und wollte keine andere Meinung dazu hören, sondern einfach nur die Bestätigung, dass sie gut aussieht. In diesem Kapitel werden wir uns mit Verständigungsproblemen zwischen Männern und Frauen beschäftigen und ein paar neue Lösungsansätze vorstellen.

Die »Blaue-oder-goldene-Schuhe«-Strategie

Wenn sich eine Frau für eines von zwei Paar Schuhen entscheiden soll und fragt: »Blau oder golden?«, ist es wichtig, dass man als Mann keine Antwort gibt. Stattdessen sollte man es lieber mit einer Gegenfrage probieren: »Weißt du schon, welche du tragen willst, Liebling?«

Die meisten Frauen sind dann erst einmal verblüfft über diese Reaktion, weil die meisten Männer, die sie kennen, sofort ihre Vorlieben anmelden.

»Na ja … ich dachte, ich ziehe vielleicht die goldenen an …«, wird sie dann, leicht verunsichert, sagen.

In Wirklichkeit hat sie sich bereits für die goldenen Schuhe entschieden.

»Warum die goldenen?«, sollte er dann fragen.

»Weil ich goldene Accessoires trage und mein Kleid ein goldenes Muster hat«, lautet ihre Antwort dann vielleicht.

Ein cleverer Mann wird sagen: »Wow! Eine gute Entscheidung! Du wirst einfach fabelhaft aussehen! Wirklich super! Gefällt mir!«

Und man kann sicher sein, dass er einen angenehmen Abend verleben wird.

Warum Frauen so gut reden können

Frauen können gut reden. Sie sprechen gern und viel. Da sie spezielle Sprachzentren im Gehirn haben, ist der Rest des Gehirns für andere Aufgaben frei. Frauen können deswegen gleichzeitig reden und etwas anderes tun. Daher lernen Mädchen Fremdsprachen müheloser und schneller als Jungen. Es erklärt auch, warum Mädchen besser in Grammatik, Zeichensetzung und Rechtschreibung sind und über eine lesbarere Handschrift verfügen.

Wenn eine halbwüchsige Tochter von einer Party kommt, liefert sie ihren Eltern einen ausführlichen Bericht über alles, was sich an dem Abend zugetragen hat: wer was zu wem sagte, wie es den einzelnen Gästen ging und was sie trugen. Ein halbwüchsiger Sohn, wenn er nach dem Abend gefragt wird, murmelt nur: »Äh ... war in Ordnung.«

Warum Männer nicht wirklich reden können

Bei Männern ist die Sprache keine spezielle Fähigkeit des Gehirns. Für die Sprache ist bei ihnen ausschließlich die linke Gehirnhälfte zuständig, es gibt jedoch keine eigene Gehirnregion, die als Sprachzentrum fungieren würde. Eine Kernspintomographie zeigt, dass bei Männern, wenn sie reden, die gesamte linke Gehirnhälfte aktiv wird, weil nach einem Sprachzentrum gesucht, aber keines gefunden wird. Die Folge davon ist, dass Männer keine besonderen Sprachgenies sind.

Wenn Jungen eingeschult werden, sind ihre Leistungen anfangs nicht besonders gut. Das liegt daran, dass ihre verbalen Fähigkeiten denen der Mädchen unterlegen sind. Häufig schneiden sie in Fremdsprachen, Deutsch und den künstlerischen Fächern schlecht ab. Sie kommen sich vor den redegewandteren Mädchen blöd vor, werden laut und stören den Unterricht.

Am Valentinstag fordern Floristen Männer auf, »es mit Blumen zu sagen«, weil sie wissen, dass ein Mann Schwierigkeiten hat, es mit Worten auszudrücken. Eine Grußkarte zu kaufen ist für einen Mann nie das Problem. Seine Schwierigkeiten fangen erst an, wenn es darum geht, etwas draufzuschreiben.

Frauen reden sich Probleme von der Seele

Am Ende eines problemreichen Tages kann das einspurig strukturierte Männergehirn alle Probleme einfach in Schubladen ablegen. Das weibliche Gehirn dagegen kann Informationen nicht in der gleichen Weise verstauen – die Probleme spuken einer Frau unweigerlich weiter im Kopf herum. Die einzige Art und Weise, wie eine Frau ihre Probleme loswerden kann, ist, sie zur Kenntnis zu nehmen, indem sie darüber spricht.

Wenn eine Frau also am Ende eines Tages redet,
sucht sie keine Lösungen
und will auch keine Schlüsse ziehen,
sie will sich einfach nur ihre
Probleme von der Seele reden.

Männer kommen ohne reden aus

Männergehirne sind stark in einzelne Bereiche unterteilt und können Informationen trennen und speichern. Männer können ihre Probleme in einen mentalen »Index« aufnehmen und in eine Warteschleife stellen. Wenn eine Frau am Ende eines Tages von ihren Problemen spricht, möchte sie nicht durch Lösungsvorschläge unterbrochen werden. Es wird nicht von Ihnen erwartet, dass Sie antworten, hören Sie einfach zu und bieten Sie Ihre Unterstützung an.

Immer nur reden

Eine Frau redet, um Anteilnahme zu zeigen und Beziehungen aufzu-
bauen. Wenn sich eine Frau viel mit Ihnen unterhält, mag sie Sie. Wenn
sie kein Wort mit Ihnen wechselt, haben Sie ein Problem.

Für eine Frau hat Reden den Sinn, Beziehungen zu pflegen und
Freundschaften zu knüpfen – nicht Probleme zu lösen. Eine Frau kann
zwei Wochen mit ihrer besten Freundin im Urlaub gewesen sein, aber,
sobald sie wieder zu Hause ist, nach dem Telefonhörer greifen, um mit
derselben Freundin noch mal zwei Stunden am Telefon zu quatschen.

Wahre Helden schweigen

Für Männer ist es absolut normal, nicht zu reden.

Männer sehen den Sinn des Redens darin, ihrem Gesprächspartner Fakten und Informationen zu übermitteln. Für Männer ist das Telefon ein Apparat, mit dessen Hilfe sie anderen Leuten Fakten und Informationen übermitteln; eine Frau sieht im Telefon ein Mittel, um Beziehungen zu pflegen.

Alle Männer hassen den Satz:
»Wir müssen über unsere Beziehung sprechen.«
Diese sechs Worte würden selbst
Supermann in die Flucht schlagen.

Mit Schweigen strafen

Frauen sind gut darin, jemanden mit Schweigen zu strafen. Die Drohung einer Frau: »Ich werde nie wieder ein Wort mit dir reden!«, sollte man als Mann unbedingt ernst nehmen.

Mit Schweigen bestraft werden

Der durchschnittliche Mann braucht zirka neun Minuten, um zu kapieren, dass eine Frau ihn durch Schweigen bestraft. Bis die Neun-Minuten-Grenze erreicht ist, betrachtet er ihr Schweigen noch als eine Art Bonus: Endlich bekommt er mal ein bisschen »Ruhe und Frieden«.

Wie Frauen reden

Weil bei Frauen ein großer Informationsaustausch zwischen linker und rechter Gehirnhälfte stattfindet und sie darüber hinaus über eigene Sprachzentren im Gehirn verfügen, können sie in der Regel über mehrere Themen gleichzeitig reden – und das manchmal sogar in einem einzigen Satz. Diese Art des Redens gleicht ein wenig dem Jonglieren mit drei oder vier Bällen, und die meisten Frauen scheinen das mühelos zu beherrschen. Und nicht nur das – Frauen können mit den unterschiedlichsten Themen auch mit anderen Frauen zusammen jonglieren, die ihrerseits genau das Gleiche tun – und keine von ihnen scheint jemals einen einzigen »Ball« zu Boden fallen zu lassen.

Dieses Mehrspurfahren der Frau ist für einen Mann ziemlich frustrierend, denn das männliche Gehirn ist ein einspuriges System. Wenn ein paar Frauen zusammensitzen und die unterschiedlichsten Themen auf mehreren Ebenen bearbeiten, können sie damit einen Mann vollkommen verwirren und regelrecht benommen machen.

Wie Männer reden

Die Sätze eines Mannes sind kürzer und klarer strukturiert als die einer Frau. Der Satzbeginn ist meist unkompliziert, die Aussage klar, und am Ende gibt es eine Schlussfolgerung. Einem Mann kann man in aller Regel leicht bei seinen Ausführungen folgen. Wenn man jedoch mit einem Mann redet und mehrere Themen ineinander verflicht, wird er schon bald ratlos vor einem stehen. Frauen dürfen nie vergessen, dass sie nur einen klaren Gedanken oder ein klares Konzept auf einmal auf den Tisch bringen sollten, wenn sie einen Mann überzeugen oder zu etwas überreden wollen.

Alles nur eine Frage der Emotion

Bei Frauen sind die Bereiche für das Vokabular in beiden Gehirnhälften vorn und hinten angesiedelt, stellen allerdings keine stark ausgeprägten Regionen dar. Die Definition und die exakte Bedeutung der Wörter sind für eine Frau nicht so wichtig, weil sie sich stark auf die Intonation verlässt, wenn es um die Wortbedeutung und den Sinn geht, und auf die Körpersprache, wenn es um den emotionalen Gehalt der Botschaft geht.

... oder der Definition

Männer benutzen die Sprache, um mit Frauen und miteinander zu wetteifern, und Definitionen werden bei diesem Spiel zu einer wichtigen Taktik. Nehmen wir an, jemand wirft mit schlagkräftigen Argumenten um sich und sagt schließlich etwas in der Art wie »Er hat von diesem und jenem geredet, das Entscheidende ist aber nicht rübergekommen, und eigentlich wusste keiner so recht, wovon er sprach«. Dann kommt es vor, dass ein anderer Mann ihn unterbricht und sagt: »Sie meinen, er hat sich nicht klar genug artikuliert?«, um den Sinn des Gesagten besser zu umschreiben und einen »Vorsprung« gegenüber seinem Konkurrenten zu ergattern.

Wörter und ihre Bedeutung

Da das Vokabular keinen übertrieben hohen Stellenwert im Gehirn einer Frau einnimmt, verleitet sie das häufig zu der Annahme, die genaue Definition von Wörtern sei irrelevant. Und so nimmt sie sich dann dichterische Freiheiten heraus und scheut auch nicht davor zurück, mal ein wenig dick aufzutragen – des besseren Effekts wegen. Männer nehmen allerdings jedes Wort, das aus ihrem Mund kommt, für bare Münze und reagieren dementsprechend.

Bei einer Auseinandersetzung versucht der Mann, die von einer Frau verwendeten Wörter zu definieren, um so »gewinnen« zu können. Kommt Ihnen folgende Auseinandersetzung bekannt vor?

Robyn: »Du hast immer etwas auszusetzen an dem, was ich sage!«
John: »Was soll das heißen, immer? Deinen letzten beiden Argumenten habe ich doch zugestimmt, oder etwa nicht?«
Robyn: »Du bist nie meiner Meinung, und du willst immer Recht haben!«
John: »Das ist überhaupt nicht wahr! Ich bin nicht nie deiner Meinung! Heute Morgen war ich mit dir einer Meinung, gestern Abend war ich mit dir einer Meinung, und letzten Samstag war ich auch einer Meinung mit dir, also kannst du nicht behaupten, dass ich nie deiner Meinung wäre!«
Robyn: »Das sagst du jedes Mal, wenn ich das Thema anschneide!«
John: »Das ist doch gelogen! Ich sage das nicht jedes Mal!«
Robyn: »Außerdem berührst du mich auch nur, wenn du Sex willst!«
John: »Jetzt hör endlich auf zu übertreiben! Ich berühre dich nicht nur, wenn...«

Sie zählt weitere Argumente auf und versucht, ihn auf emotionaler Ebene zu schlagen. Er fährt fort, ihre Aussagen zu definieren. Die Auseinandersetzung nimmt dann irgendwann solche Ausmaße an, dass sie sich weigert, weiter mit ihm zu reden, oder aber er stampft wutschnaubend von dannen, um allein zu sein.

Um erfolgreich argumentieren zu können, muss ein Mann sich darüber im Klaren sein, dass eine Frau Wörter verwendet, die sie eigentlich gar nicht so meint, folglich sollte er sie auch nicht wörtlich nehmen oder definieren wollen. Wenn beispielsweise eine Frau sagt: »Wenn ich neben einer Frau säße, die das gleiche Kleid trägt wie ich, würde ich einfach sterben! Es gibt nichts Schlimmeres!«, dann meint sie natürlich nicht wirklich, dass es *nichts Schlimmeres* gäbe oder dass sie damit rechnet, dann zu *sterben*. Ein Mann mit seiner Neigung, alles wörtlich zu nehmen, antwortet unter Umständen: »Nein, du wirst nicht daran sterben. Es gibt Schlimmeres, als das gleiche Kleid zu tragen wie eine andere Frau!«, was in den Ohren einer Frau sarkastisch klingt. Allerdings sollte eine Frau auch lernen, dass sie im Gespräch mit einem Mann logisch argumentieren muss, wenn sie gewinnen will, und dass sie ihm nie mehr als ein Argument zur Zeit an den Kopf werfen darf, über das er nachdenken soll.

Mein Haus, mein Auto, mein Boot, mein Gehirn.

Wie Frauen zuhören

Eine Frau liest die Bedeutung dessen, was gesagt wird, aus dem Tonfall der Stimme und der Mimik des Sprechers heraus. In aller Regel kann eine Frau innerhalb von zehn Sekunden durchschnittlich sechs verschiedene Gesichtsausdrücke annehmen, mit denen sie auf die Gefühle des Sprechers reagiert. Auf ihrem Gesicht spiegeln sich die Gefühle wider, die gerade ausgedrückt werden. Für einen unbeteiligten Zuschauer kann das so aussehen, als ob die Ereignisse, die eine Frau erzählt, beiden Frauen zustießen.

Hier ist eine typische Zehn-Sekunden-Folge vom Mienenspiel einer Frau, die zeigt, dass sie zuhört:

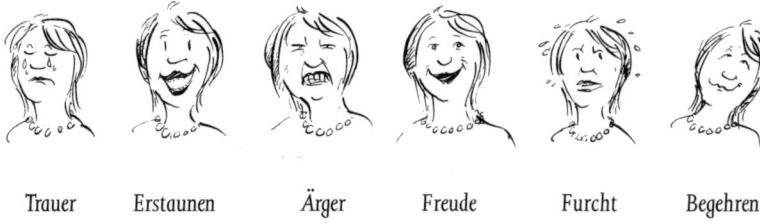

Trauer   Erstaunen   Ärger   Freude   Furcht   Begehren

Genau das muss ein Mann tun, der die Aufmerksamkeit einer Frau fesseln und sie zum weiteren Zuhören bewegen will. Die meisten Männer resignieren bei dem Gedanken, ihre Beteiligung beim Zuhören durch ihr Mienenspiel ausdrücken zu sollen. Es zahlt sich für den Mann jedoch aus, sich diese Kunst zu Eigen zu machen.

Wie Männer zuhören

Evolutionsbiologisch gesehen war es wichtig, dass Krieger beim Zuhören die Kontrolle über ihr Mienenspiel behielten, damit keiner ihre Gedanken erraten konnte.

Hier ist die gleiche Zehn-Sekunden-Folge des Mienenspiels eines Mannes, der mit den gleichen Gefühlen konfrontiert wird:

| Trauer | Erstaunen | Ärger | Freude | Furcht | Begehren |

Die starre Maske, hinter der Männer sich verbergen, wenn sie jemandem zuhören, gibt ihnen das Gefühl, alles unter Kontrolle zu haben, was allerdings nicht heißt, dass Männer keine Gefühle hätten. Gehirn-Scans haben ergeben, dass Männer Gefühle genauso stark erleben wie Frauen und es lediglich vermeiden, sie offen zu zeigen.

Humor zu haben
bedeutet für eine Frau nicht,
Witze zu erzählen.
Es bedeutet, über seine Witze zu lachen.

Räumliches Vorstellungsvermögen, Ziele und das Einparken

Wie eine Karte fast
zur Scheidung geführt hätte

Ray und Ruth waren unterwegs in die Stadt zu einer Veranstaltung. Ray saß am Steuer, Ruth auf dem Beifahrersitz. Ray fuhr immer, wenn sie zusammen unterwegs waren – sie hatten noch nie darüber geredet, warum immer er fuhr, er tat es einfach. Und wie die meisten Männer wurde er am Steuer zu einem ganz anderen Menschen.

Ray bat Ruth, die Straße auf der Karte zu suchen. Sie öffnete den Stadtplan auf der richtigen Seite und drehte die Karte dann auf den Kopf. Sie drehte sie rechtsherum und dann wieder zurück. Dann saß sie schweigend da und starrte stumm darauf. Sie verstand zwar, was eine Karte war, aber wenn es darum ging, sie zu benutzen, kam ihr das Ding irgendwie spanisch vor. Es war ein wenig wie mit Erdkunde in der Schule. All diese rosaroten und grünen Formen hatten wenig Ähnlichkeit mit der wirklichen Welt, in der sie lebte. Manchmal kam sie mit der Karte klar, wenn sie Richtung Norden fuhren, in südliche Richtungen war es aber eine einzige Katastrophe – und sie befanden sich gerade in Richtung Süden. Sie drehte die Karte nochmals herum.

Nach einer geraumen Weile Schweigen blaffte Ray sie an: »Hör endlich auf damit, die Karte verkehrt herum zu halten!«

»Ich muss sie mir aber in der Richtung anschauen, in die wir fahren ...«, erklärte Ruth ohne rechte Überzeugung.

»Ja, aber deswegen kannst du sie trotzdem nicht verkehrt herum lesen.«

»Schau mal, Ray, ich finde es ziemlich logisch, die Karte in der Richtung zu halten, in die wir fahren. So kann ich die Straßenschilder mit der Karte vergleichen!«, verteidigte sich Ruth, und ihre Stimme hob sich dabei.

»Na klar, aber wenn man die Karte andersherum lesen sollte, dann würden sie sie ja auch andersherum drucken, oder nicht? Also hör mit dem Quatsch auf, und sag mir endlich, wo es langgeht!«

»Ich werde dir schon zeigen, wo es langgeht!«, schrie Ruth wütend. Sie warf Ray die Karte an den Kopf und kreischte: »Schau doch selber nach!«

Kommt Ihnen dieser Wortwechsel irgendwie bekannt vor? Es ist eine der seit Jahrtausenden am häufigsten zwischen allen Männern und Frauen geführten Auseinandersetzungen. Bereits im 11. Jahrhundert ritt Lady Godiva ohne Bekleidung, nur in ihre Haare gehüllt, auf ihrem Ross die falsche Coventry-Straße hinunter, Julia verirrte sich nach einem Stelldichein mit Romeo auf dem Rückweg nach Hause, Kleopatra drohte Marcus Antonius mit Kastration, weil er sie zwingen wollte, seine Kriegskarten zu verstehen, und die Böse Hexe des Westens schlug bisweilen südliche, nördliche oder östliche Richtungen ein.

— OHNE WORTE —

Räumlich beschränkt?

**Die Mehrheit der Frauen
hat ein beschränktes räumliches Vorstellungsvermögen.**

Das räumliche Vorstellungsvermögen schließt die Fähigkeit ein, sich die Form, die Maße, die Koordinaten, die Proportionen, die Bewegung und die Lage von Dingen vorzustellen. Weiterhin umfasst es die Fähigkeit, sich vorzustellen, wie ein Gegenstand im Raum gedreht wird, wie man Hürden umgeht und wie man Dinge aus einer 3D-Perspektive wahrnimmt.

Die Fähigkeit, Karten zu lesen, und das Verständnis dafür, wo man sich nun gerade befindet, hängt von dem räumlichen Vorstellungsvermögen einer Person ab. Das räumliche Vorstellungsvermögen ist bei Frauen in beiden Gehirnhälften angesiedelt, kennt allerdings keinen messbaren Bereich, wie das bei Männern der Fall ist. Lediglich etwa zehn Prozent aller Frauen haben ein solch gutes bis ausgezeichnetes räumliches Vorstellungsvermögen wie die besten Männer.

Mädchen können hervorragend zweidimensionale Bilder in ihrem Gehirn wahrnehmen, doch dreidimensionale Dinge zu erfassen, erfordert ein ausgezeichnetes räumliches Vorstellungsvermögen.

Räumlich verschränkt

**Das räumliche Vorstellungsvermögen
ist eine der stärksten Fähigkeiten des Mannes.**

Gehirn-Scans haben ergeben, dass das räumliche Vorstellungsvermögen bei Männern und Jungen in der rechten vorderen Gehirnhälfte angesiedelt ist. Es hat sich zu Urzeiten herausgebildet, damit Männer – die Jäger – Geschwindigkeit, Bewegung und Entfernung von Beutetieren abschätzen konnten und wussten, wie schnell sie laufen mussten, um ihre Beute zu fangen, und wie viel Kraft sie anwenden mussten, um ihr Mittagessen mit einem Felsbrocken oder einem Speer zu erlegen.

Jungen verfügen über eine größere Fähigkeit, eine dritte Dimension zu erkennen: die Tiefe.

Frauen machen Umwege

Das räumliche Vorstellungsvermögen ist bei Mädchen und Frauen nicht besonders stark ausgeprägt, weil die Fähigkeit, Tiere zu jagen und den Weg zurück nach Hause zu finden, niemals zum Aufgabengebiet der Frauen gehörte. Deswegen haben auch viele Frauen Probleme, eine Straßenkarte oder einen Stadtplan zu lesen.

Den meisten Frauen macht es keinen Spaß, sich mit Tätigkeiten zu beschäftigen, die ebendiese Fähigkeiten erfordern, und sie wählen selten Berufe oder Freizeitbeschäftigungen, für die sie notwendig sind.

Frauen haben keine guten **räumlich-visuellen Fähigkeiten**, weil sie von jeher kaum etwas anderes jagen mussten als Männer.

Männer wissen, wo es langgeht

Der moderne Mann muss sich sein Mittagessen nicht mehr fangen. Heutzutage setzt er sein räumliches Vorstellungsvermögen auf anderen Gebieten ein, wie beispielsweise beim Golf, bei Computerspielen, beim Fußball, Darts und allen anderen Sportarten oder Tätigkeiten, die in irgendeiner Form das Element des Jagens bzw. das Anvisieren eines Zieles zum Gegenstand haben.

Wo immer eine Arbeit reines räumliches Vorstellungsvermögen und mathematisches Denken erfordert, sind weiterhin Männer am stärksten vertreten. Darum sind auch 91 Prozent der Ingenieure und 98 Prozent aller Cockpitcrews Männer.

Verloren

Etwa neunzig Prozent der Frauen haben ein beschränktes räumliches Vorstellungsvermögen. Deshalb haben Frauen so große Probleme, einen Videorekorder zu programmieren.

Man kann in jeder beliebigen Stadt der Welt beobachten, wie Touristinnen ratlos an Straßenkreuzungen stehen und ihre Stadtpläne wild in alle möglichen Richtungen drehen. In jedem beliebigen mehrstöckigen Parkhaus eines Einkaufszentrums kann man Frauen mit vollen Einkaufstüten und panischem Gesichtsausdruck herumirren sehen, weil sie verzweifelt ihr Auto suchen.

Einer Frau sollte man nie Richtungsangaben wie
»Fahren Sie Richtung Süden« oder
»Halten Sie sich fünf Kilometer lang westlich« geben.
Stattdessen sollte man sich lieber
auf **bekannte Orientierungspunkte** beziehen:
»Fahren Sie am McDonald's vorbei und halten
Sie sich dann Richtung Kreissparkasse.«

Gefunden

Sein gutes räumliches Vorstellungsvermögen ermöglicht es dem Mann, in seinem Kopf eine Karte so zu drehen, dass er weiß, in welche Richtung er gehen muss. Wenn er zu einem späteren Zeitpunkt wieder an den gleichen Ort zurückkehren will, braucht er keine Karte mehr, denn alle relevanten Informationen sind bei ihm im Gehirn gespeichert. Die meisten Männer können nach Norden schauend eine Karte lesen, obwohl sie später nach Süden fahren müssen. Die meisten Männer, die man in einen ihnen unbekannten Raum ohne Fenster führt, können ohne Zögern angeben, wo Norden ist. Als Beutejäger musste der Mann seinen Weg zurück nach Hause finden, sonst hätten er und seine Familie wenig Chancen gehabt zu überleben.

Die meisten Männer wissen immer und überall,
wo **Norden** ist,
auch wenn sie keine Ahnung haben,
wo sie sich befinden.

Wie man Streit vermeidet

Männer fahren gern schnell auf kurvenreichen Straßen, weil dabei ihre räumlichen Fähigkeiten gefordert werden: Übersetzungsverhältnis, Einsatz von Kupplung und Bremse, relative Kurvengeschwindigkeit, Winkel und Entfernungen. Und das Radio haben sie dabei eingeschaltet.

Der moderne männliche Fahrer sitzt hinter dem Lenkrad, überreicht seiner Frau auf dem Beifahrersitz eine Karte und fordert sie auf, ihm den Weg zu weisen. Mit ihrem beschränkten räumlichen Vorstellungsvermögen wird sie ab dem Zeitpunkt, wo sie die Karte entfaltet, merkwürdig still, beginnt die Karte hin und her zu drehen und kommt sich dabei ziemlich bescheuert vor. Dann versucht sie etwas in der Ferne zu identifizieren und auf der Karte wiederzufinden. Die wenigsten Männer verstehen, dass jemand, der keinen speziellen Gehirnbereich für das räumliche Drehen von Karten im Kopf hat, die Karte in den Händen drehen muss. Für eine Frau ist es absolut logisch, dass sie die Karte in der Richtung hält, in die sie fährt.

Da sich bei Frauen das räumliche Vorstellungsvermögen auf beiden Seiten des Gehirns befindet, tritt es in Konflikt zu ihrer Sprachfunktion. Wenn Sie also einer Frau einen Stadtplan in die Hand drücken, wird sie zu reden aufhören, bevor sie ihn hin und her zu drehen beginnt. Wenn man einem Mann eine Karte reicht, wird er weiterreden – aber das Radio ausschalten, weil seine Hörfunktionen nicht zusammen mit seinen Kartenlesefähigkeiten einsatzbereit sind. Deshalb verlangt ein Mann, wenn das Telefon klingelt, in der Regel auch, dass alle schweigen, damit er das Gespräch entgegennehmen kann.

Gedanken, Verhaltensweisen, Gefühle
und andere Katastrophengebiete

Warum können Männer nicht einfach zugeben, dass sie keine Ahnung haben, wo sie gerade sind?

Colin und Jill waren unterwegs zu einer Party, die in einer ihnen unbekannten Gegend stattfinden sollte. Laut Fahranweisungen hätten sie in etwa zwanzig Minuten da sein sollen. Sie waren jedoch bereits seit fünfzig Minuten unterwegs, und immer noch war ihr Ziel nicht in Sicht. Colin verlor langsam die Geduld, und Jill wurde von einem Gefühl der Mutlosigkeit befallen, als sie zum dritten Mal an derselben Autowerkstatt vorbeifuhren.

Jill: »Liebling, ich glaube, wir hätten an der Werkstatt da rechts abbiegen sollen. Halt doch mal an und frag!«

Colin: »Ich weiß, wo es langgeht. Irgendwo hier muss es sein.«

Jill: »Wir sind aber schon eine halbe Stunde zu spät, und die Party hat bereits angefangen. Lass uns doch anhalten und jemanden nach dem Weg fragen!«

Colin: »Hör zu, ich weiß, was ich tue! Wenn du alles besser weißt, dann fahr doch selbst!«

Jill: »Ich will ja gar nicht fahren, aber ich will auch nicht die ganze Nacht im Kreis herumirren!«

Colin: »Okay! Warum drehen wir dann nicht um und fahren nach Hause?«

Den meisten Frauen und Männern wird diese Unterhaltung bekannt vorkommen. Eine Frau kann nicht verstehen, warum dieser wunderbare Mann, den sie so liebt, plötzlich total durchdreht, nur weil er sich verfahren hat. Wenn sie sich verfahren hätte, würde sie einfach nach dem Weg fragen. Wo liegt sein Problem? Warum kann er nicht einfach zugeben, dass er keine Ahnung hat?

Warum ist Moses vierzig Jahre lang durch die Wüste geirrt?

Er hat sich geweigert, nach dem Weg zu fragen.

Frauen haben kein Problem damit zuzugeben, dass sie einen Fehler gemacht haben, weil das Eingeständnis eines Fehlers in ihrer Welt als Zeichen der Freundschaft und des Vertrauens gewertet wird. Der letzte Mann, der zugab, einen Fehler begangen zu haben, war übrigens General Custer, der 1876 in einem Gefecht mit den Sioux unter Häuptling Sitting Bull fiel.

Frauen und Männer nehmen ein und dieselbe Welt mit anderen Augen wahr. Ein Mann sieht Dinge und Gegenstände und ihre Beziehung zueinander durch die »räumliche« Brille, also etwa so, als ob er die Teile eines Puzzles zusammenlegen würde. Frauen nehmen ein größeres, weiter gestecktes Bild in sich auf, in dem sie auch winzige Details wahrnehmen können. Doch die einzelnen Teile des Puzzles und die Beziehung zwischen den einzelnen Teilen sind ihnen viel wichtiger als die räumliche Lage der Puzzleteile.

Männer wollen Ergebnisse, sie wollen Ziele erreichen, Status und Macht, die Konkurrenz schlagen und, ohne lange zu fackeln, zum Wesentlichen vordringen. Das Bewusstsein der Frauen konzentriert sich mehr auf Kommunikation, Zusammenarbeit, Harmonie, Liebe, das Miteinander und die Beziehungen der Menschen zueinander. Dieser Gegensatz ist so groß, dass es wahrlich an ein Wunder grenzt, dass sich Frauen und Männer überhaupt daranwagen, ein gemeinsames Leben zu versuchen.

Worüber Frauen reden

Mädchen reden darüber, wer wen mag und wer über wen verärgert ist, sie spielen in kleinen Gruppen und verraten sich »Geheimnisse« über andere als ein Zeichen ihrer Freundschaft. Im Teenageralter sprechen Mädchen über Jungen, ihr Gewicht, Kleidung und ihren Freund. Erwachsene Frauen reden über Diäten, Beziehungen, Heirat, Kinder, Liebhaber, Persönlichkeiten, Kleidung, das Verhalten anderer, Arbeitsbeziehungen und alles, was mit Menschen und persönlichen Fragen zu tun hat. Frauen halten sich selten zurück, wenn das Thema Sex zur Sprache kommt. Sie diskutieren freimütig Techniken, Strategien, den richtigen Zeitpunkt und körperliche Details. Und ihre Schilderungen sind sehr plastisch.

Das durchschnittliche Telefongespräch einer Frau
dauert mindestens **achtzehn Minuten**.

Worüber Männer reden

Jungen reden über Sachen und Tätigkeiten – wer was getan hat, wer gut worin ist und wie Dinge funktionieren. Im Teenageralter sprechen sie über Sport, Mechanik und die Funktion von Gegenständen. Männer diskutieren über Sport, ihre Arbeit, Neuigkeiten des Tages und darüber, was sie getan haben oder wohin sie gegangen sind, sie reden über Technologien, Autos und alle möglichen Geräte und Apparaturen. Männer sprechen selten über intime Details ihres Sexuallebens, wenn sie glauben, mit den Erfolgsberichten der anderen nicht mithalten zu können.

Das durchschnittliche Telefongespräch eines Mannes dauert weniger als **drei Minuten**.

Wörterbuch weiblicher Sprachmuster

Ja	Nein
Nein	Ja
Vielleicht	Nein
Tut mir leid	Dir wird es noch leid tun
Wir brauchen	Ich will
Das ist deine Entscheidung	Solange ich dir zustimme
Mach, was du willst	Dafür wirst du später bezahlen
Wir müssen reden	Ich habe ein Problem
Nur zu … mach es	Ich will nicht, dass du das tust
Ich ärgere mich nicht	Natürlich ärgere ich mich!
Du bist so … männlich	Du brauchst dringend eine Rasur und schwitzt stark
Du bist wirklich nett heute Abend	Kannst du an nichts anderes als an Sex denken?
Sei ein bisschen romantisch, dreh das Licht herunter	Ich habe schwabbelige Oberschenkel

Die Küche ist unzureichend	Ich will ein neues Haus
Ich brauche neue Vorhänge	und Teppiche und Möbel und Tapeten …
Häng das Bild dort auf	NEIN, häng es dort auf!
Ich habe ein Geräusch gehört	Ich habe bemerkt, dass du fast eingeschlafen warst
Liebst du mich?	Ich möchte etwas Teures haben
Wie sehr liebst du mich eigentlich?	Ich habe etwas getan, was dir nicht gefallen wird
Ich bin in einer Minute fertig	Zieh die Schuhe aus und such dir ein schönes Fernsehprogramm
Ist mein Hintern dick?	Sag mir, dass ich gut aussehe
Du musst lernen, zu kommunizieren	Stimm mir einfach zu
Hörst du mir eigentlich zu?	[Zu spät, du bist bereits tot]
War das das Baby?	Warum stehst du nicht auf und trägst es herum, bis es wieder eingeschlafen ist?
Ich schreie nicht!	Ja, ich schreie, weil ich glaube, das ist wichtig

Wörterbuch männlicher Sprachmuster

Ich habe Hunger	Ich habe Hunger
Ich bin schläfrig	Ich bin schläfrig
Möchtest du mit mir ins Kino gehen?	Ich hätte gern Sex mit dir
Möchtest du mit mir essen gehen?	Ich hätte gern Sex mit dir
Darf ich dich mal anrufen?	Ich hätte gern Sex mit dir
Möchtest du mit mir tanzen?	Ich hätte gern Sex mit dir
Schönes Kleid	Schönes Dekolletee
Du wirkst angespannt	Ich will dich streicheln Komm, ich massiere dich
Was ist los mit dir?	Was für ein bedeutungsloses, selbstverschuldetes psychologisches Trauma machst du gerade durch?
Was ist los mit dir?	Ich schätze, Sex kommt heute Abend nicht in Frage
Ich langweile mich	Willst du Sex mit mir haben?

Ich liebe dich	Lass uns Sex haben
Ich liebe dich auch	Okay, ich sagte es schon ... lass uns Sex haben
Ich mag deine neue Frisur	Davor hast du mir besser gefallen
Ich mag deine neue Frisur	50 Euro, und sie sieht kein bisschen verändert aus
Lass uns reden	Ich versuche dich zu beeindrucken, indem ich zeige, dass ich ein tiefsinniger, aufrichtiger Mann bin, damit du dann vielleicht Sex mit mir hast
Willst du mich heiraten?	Ich möchte, dass Sex mit anderen illegal für dich wird

Wenn eine Frau eine gefühlsbetonte Unterhaltung führt,
gibt sie über ihr Mienenspiel,
ihre Körpersprache und eine Reihe
von Sprechmustern
ausdrucksstarke Signale von sich.

Ein Mann, der seine Gefühle an die Oberfläche kommen lässt, schaltet eher in den **»Reptilmodus«** und wirft mit bissigen Worten um sich, oder er wird handgreiflich.

Frauen legen viel Wert auf Beziehungen

Wenn eine Frau Probleme mit ihren zwischenmenschlichen Beziehungen hat, kann sie sich nicht auf ihre Arbeit konzentrieren.

Wenn eine Frau unter Druck steht oder gestresst ist, empfindet sie es als Wohltat, einfach nur mit ihrem Mann darüber zu reden. Ein Mann dagegen empfindet das Reden als eine Störung bei seiner Suche nach Lösungen. Sie will reden und schmusen, er will Fußball gucken. Die Frau legt sein Verhalten als Desinteresse und Gleichgültigkeit aus, und der Mann empfindet ihr Verhalten als lästig und penetrant. Diese Form der Wahrnehmung spiegelt die unterschiedliche Gehirnstruktur und die unterschiedlichen Prioritäten von Frauen und Männern wider. Dies ist auch der Grund, warum eine Frau immer sagt, dass ihr die Beziehung wichtiger zu sein scheint als ihm – genauso ist es nämlich auch. Wenn Ihnen dieser Unterschied einmal bewusst ist, werden sich viele Probleme, die Sie mit Ihrem Partner haben, in Luft auflösen, und Sie werden aufhören können, das Verhalten des anderen voreilig zu verurteilen.

Wenn eine Frau sich über etwas aufgeregt hat,
wird sie sich ihren Frust bei ihren Freundinnen
von der Seele reden.
Wenn ein Mann sich dagegen über etwas
aufgeregt hat, wird er einen Motor auseinander nehmen
oder einen **tropfenden Wasserhahn reparieren**.

Männer legen viel Wert
auf ihre Arbeit

Wenn ein Mann an seinem Arbeitsplatz unzufrieden ist, kann er sich nicht auf seine zwischenmenschlichen Beziehungen konzentrieren.

Ein Männergehirn funktioniert nach dem Motto »Wie kann ich das wieder reparieren?«. Männer wenden dieses »Reparieren-Kriterium« auf nahezu alle Aktivitäten an. Eine Frau erzählte uns, dass ihr Mann, nachdem sie ihm einmal gesagt hatte, er solle ihr gegenüber eine etwas liebevollere Haltung an den Tag legen, den Rasen mähte. Damit drückte er seine Liebe zu ihr aus. Als sie ihm sagte, dass sie immer noch nicht glücklich mit seinem Verhalten sei, strich er die Küche neu. Als auch das nicht die gewünschten Resultate erbrachte, bot er ihr an, sie mit zu einem Fußballspiel zu nehmen.

Frauen geben Fehler zu

Ein Mann gibt keine Fehler zu, weil er befürchtet, dass die Frau ihn dann nicht mehr liebt. In Wirklichkeit liebt eine Frau einen Mann nur umso mehr, wenn er zugibt, dass er Fehler macht.

Eine Frau sollte vor allem darauf achten, dass sie dem Mann nicht ungewollt auf die Füße tritt, wenn sie mit ihm ein Problem bespricht. Selbst wenn man einem Mann ein Selbsthilfebuch zum Geburtstag schenkt, könnte er auf die Idee kommen, dass er so, wie er ist, nicht gut genug ist.

Männer vertragen keine Kritik –
deswegen heiraten sie am liebsten Jungfrauen.

Ein Mann muss lernen, dass es einer Frau nicht darum geht, ihm zu zeigen, dass er alles falsch macht. Meistens will sie ihm wirklich nur helfen, und er sollte nicht alles gleich persönlich nehmen.

Männer irren sich nie

Millionen von Jahren Angst, ein Versager zu sein, scheinen fest im Gehirn des modernen Mannes verankert zu sein. Wenn ein Mann allein im Auto unterwegs ist, würde er wahrscheinlich anhalten und nach dem Weg fragen. Doch wenn eine Frau neben ihm sitzt, hieße das für ihn, ein Versager zu sein, weil er nicht in der Lage ist, sie ohne Hilfe an den gewünschten Ort zu bringen.

Wenn eine Frau sagt: »Halt doch an und frag nach dem Weg!«, dann hört ein Mann heraus: »Du bist unfähig – du kannst dich nicht mal zurechtfinden.« Wenn sie sagt: »Der Wasserhahn in der Küche tropft. Soll ich den Klempner rufen, damit er ihn repariert?«, dann hört er heraus: »Du bist nutzlos! Ich rufe einen anderen Mann, der deine Aufgabe für dich erledigt!«

Das ist auch der Grund, warum Männer es schwierig finden zu sagen: »Es tut mir leid!« Für sie ist das, als ob sie zugäben, dass sie Unrecht hatten, und Unrecht zu haben ist für sie gleichbedeutend damit, ein Versager zu sein.

Stress

Gestresste Männer trinken Alkohol und
rücken in anderen Ländern ein.

Gestresste Frauen essen Schokolade und
rücken in Einkaufszentren ein.

Wenn sie unter Druck stehen, reden Frauen, ohne zu denken, und
Männer handeln, ohne zu denken. Das ist auch der Grund dafür, dass
neunzig Prozent aller Gefängnisinsassen Männer und neunzig Prozent
aller Menschen, die zum Psychotherapeuten gehen, Frauen sind. Stehen
Männer und Frauen gleichzeitig unter Druck, kann sich daraus ein
emotionales Minenfeld entwickeln, wenn jeder damit auf seine Art
umzugehen versucht. Männer reden nicht mehr, und Frauen machen
sich deswegen Sorgen. Frauen fangen zu reden an, und Männer wissen
nicht, wie sie damit umgehen sollen. Die Frau versucht, den Mann
dazu zu bringen, über sein Problem zu reden, damit er sich besser
fühlt, dabei ist das das Verkehrteste, was sie tun kann. Seine Reaktion
darauf ist, ihr zu sagen, sie solle ihn gefälligst in Ruhe lassen, und die
Tür hinter sich zuzuschlagen.

Wenn die Frau auch unter Druck steht, will sie über ihre Probleme
reden, was den Mann nur noch mehr frustriert. Wenn er sich dann auf
seinen einsamen Felsen zurückzieht, fühlt sie sich zurückgewiesen und
ungeliebt und ruft ihre Mutter, Schwester oder Freundin an.

Rückzug

Einer der größten Unterschiede zwischen gestressten Frauen und gestressten Männern, den nur die wenigsten verstehen, ist, dass der Mann zumacht und die Frau nicht. Ein Mann schließt generell jeden aus, wenn er extrem gestresst ist oder die Lösung zu einem ernsten Problem sucht. Er schaltet den Teil seines Gehirns ab, der für die Gefühle zuständig ist, wechselt in den Problemlösungsmodus und hört auf zu reden. Wenn ein Mann alle anderen so vollständig ausschließt, kann das ein beängstigendes Erlebnis für eine Frau sein, weil sie selbst nur dann so reagiert, wenn sie schwer gekränkt ist, man sie belogen oder misshandelt hat. Sie geht dann davon aus, dass das auch bei ihrem Mann der Fall sein muss – dass sie ihn verletzt hat und er sie nicht mehr liebt. Sie versucht, ihn zum Reden zu bringen, doch er weigert sich und denkt, dass sie kein Vertrauen in seine Fähigkeiten habe, mit Problemen fertig zu werden. Wenn eine Frau verletzt ist und alle Schotten dichtmacht, denkt ein Mann, dass sie mehr Raum zum Atmen braucht, und geht mit seinen Kumpels in eine Kneipe oder reinigt den Vergaser seines Autos.

Wenn ein Mann sich komplett abschottet, lassen Sie ihn!
Es ist alles in Ordnung!
Wenn eine Frau alle Klappen dichtmacht, dann ist etwas am
Brodeln, und die Zeit wäre mal wieder reif für
eine ausführliche Diskussion.

Teilen Sie Ihre Fernbedienung
mit der Frau Ihres Lebens

Ein Mann, der mit der Fernbedienung durch die Fernsehkanäle zappt, wirkt auf die meisten Frauen wie ein rotes Tuch.

Frauen zappen nicht durch die Kanäle – sie schauen sich eine Sendung an und versuchen, der Handlung zu folgen und die Gefühle und Beziehungen der Akteure zueinander zu begreifen. Ähnlich ist es mit der Sucht der Männer, Zeitung zu lesen. Frauen muss klar sein, dass Männer, wenn sie einmal beim Zeitungslesen sind, nicht viel hören bzw. sich auch nicht an viel erinnern, folglich ist es schwierig, sich in dem Moment mit ihnen zu unterhalten.

Im Himmel hat ein Mann drei Fernbedienungen, und alle Klobrillen sind hochgeklappt

Ein Mann liebt es, mit der Fernbedienung durch die Fernsehkanäle zu zappen. Er sitzt in seinem Sessel wie ein Zombie und schaltet wahl- und ziellos von einem Kanal zum anderen, ohne sich ein bestimmtes Programm anzuschauen. Wenn ein Mann dieser Beschäftigung nach- geht, löst er gedanklich Probleme und sieht in den meisten Fällen nicht einmal, was auf den einzelnen Kanälen gesendet wird. Er versucht nur, das Geschehen in groben Umrissen zu begreifen, bevor er weiter- schaltet. Wenn er beim Zappen ist, kann er seine eigenen Probleme ver- gessen und nach Lösungen für die anderer Leute suchen.

Ich habe eine Fernbedienung erfunden, mit der man die Klobrille automatisch hoch- und unterklappen kann.

Wenn Frauen ausgehen

 Für eine Frau ist das Ausgehen in ein Restaurant eine Art, Beziehungen zu festigen, Probleme zu diskutieren oder einer Freundin Mut zuzusprechen.

Wenn Frauen sich zum Essen treffen, reden sie sich gegenseitig mit dem Vornamen an, weil das Intimität erzeugt. Wenn Barbara, Robyn, Lisa und Fiona zusammen Mittagessen gehen, nennen sie sich Barbara, Robyn, Lisa und Fiona.

Wenn dann die Rechnung gebracht wird,
zücken die Frauen ihre Taschenrechner,
rechnen aus, wer was gehabt hat,
und teilen den Betrag
fair untereinander auf.

Wenn Männer ausgehen

Für Männer ist in ein Restaurant auszugehen eine praktische Art, mit Essen umzugehen – kein Kochen, kein Einkaufen oder Abspülen.

Wenn Männer ausgehen, vermeiden sie jegliche Intimität mit anderen Männern. Wenn Ray, Allan, Mike und Bill sich auf ein Gläschen in einer Kneipe treffen, bezeichnen sie sich gegenseitig als alter Gauner, Wichser, Holzkopf und Depp. Das sind Bezeichnungen, mit denen jegliche Form der Intimität bereits im Keim erstickt wird.

Wenn die Rechnung kommt,
**werfen die Männer alle einen Hunderter
auf den Tisch** und bedeuten damit,
dass sie alle zahlen wollen,
denn jeder will im Rampenlicht stehen,
wobei sie so tun, als ob ihnen
das Wechselgeld völlig egal wäre.

Duschen wie eine Frau

So wird's gemacht:

Ziehen Sie sich aus und legen Sie Ihre Kleider in den Wäscheständer in das entsprechende Fach für Helles, Dunkles, Kochwäsche, Kunst- oder Naturfaser.

Gehen Sie mit einem langen Morgenmantel bekleidet ins Bad hinüber. Begegnen Sie auf dem Weg dorthin Ihrem Mann, bedecken Sie Ihre entblößten Körperstellen und huschen Sie rasch ins Badezimmer.

Betrachten Sie Ihre weiblichen Rundungen im Spiegel und strecken Sie den Bauch heraus. Jammern Sie laut, dass Sie immer dicker würden.

Steigen Sie in die Dusche. Vergewissern Sie sich, dass alles vorhanden ist: Waschlappen fürs Gesicht, Waschlappen für die Arme, Waschlappen für den Intimbereich, länglicher Schwamm, runder Schwamm, Bimsstein.

Waschen Sie sich das Haar beim ersten Mal mit Gurken-und-Geißblatt-Shampoo mit 83 zusätzlichen Vitaminen. Dann erneuter Waschgang mit Gurken-und-Geißblatt-Shampoo mit 83 zusätzlichen Vitaminen.

Spülen Sie Ihr Haar nun mit Gurken-und-Geißblatt-Hair-Conditioner mit natürlichem Krokusöl. Fünfzehn Minuten einwirken lassen.

Waschen Sie Ihr Gesicht zehn Minuten lang mit Aprikosenrubbellotion, bis es knallrot ist. Waschen Sie den Rest Ihres Körpers mit Ingwer-Orangenbiscuit-Duschgel.

Spülen Sie den Conditioner aus, mindestens fünfzehn Minuten lang, damit Sie sicher sein können, dass auch wirklich alles ausgewaschen wurde.

Rasieren Sie Achselhöhlen und Beine. Sie überlegen kurz, ob Sie sich auch die Bikinizone rasieren sollen, beschließen dann aber, diese Partie mit Wachs zu behandeln.

Schreien Sie laut auf, wenn Ihr Mann die Toilettenspülung betätigt, so dass der Wasserdruck nachlässt und kochend heißes Wasser durch die Leitung strömt.

Drehen Sie das Wasser ab. Fahren Sie mit einem Fensterwischer über alle nassen Oberflächen in der Duschkabine. Versprühen Sie Scheibenklar gegen Schimmel.

Steigen Sie aus der Dusche. Trocknen Sie sich mit einem Handtuch von der Größe eines kleinen afrikanischen Landes ab. Wickeln Sie das Haar in ein supersaugfähiges zweites Handtuch.

Suchen Sie den gesamten Körper nach den kleinsten Anzeichen für irgendwelche Flecken ab.

Gehen Sie im Morgenmantel zurück ins Schlafzimmer, das Handtuch noch um den Kopf gebunden.

Sollte Ihr Mann Sie unterwegs sehen, decken Sie alle nackten Stellen zu und huschen Sie ins Schlafzimmer, um sich dort eineinhalb Stunden dem Anziehen zu widmen.

Duschen wie ein Mann

So wird's gemacht:
Ziehen Sie sich auf dem Bett sitzend aus und lassen Sie die Kleider auf einen Haufen fallen.

Gehen Sie nackt ins Badezimmer hinüber.

Begegnen Sie unterwegs Ihrer Frau, packen Sie Ihren Schniedel und rufen Sie: »He, Puppe!«

Schauen Sie in den Spiegel und ziehen Sie den Bauch dabei ein, um Ihren männlichen Körperbau zu betrachten. Bewundern Sie die Größe Ihres Penis, kratzen Sie sich an den Eiern und riechen Sie dann an Ihren Fingern.

Steigen Sie in die Dusche.

Überprüfen Sie nicht, ob ein Waschlappen da ist, Sie brauchen keinen.

Waschen Sie Ihr Gesicht.

Waschen Sie sich unter den Achseln.

Lachen Sie schallend darüber, wie laut Fürze in der Dusche klingen.

Waschen Sie sich die Eier und den umliegenden Bereich.

Waschen Sie sich den Hintern, lassen Sie Haare auf der Seife zurück.

Schampoonieren Sie sich das Haar, benutzen Sie aber keinen Conditioner.

Streichen Sie die schampoonierten Haare zurück. Ziehen Sie den Duschvorhang beiseite und betrachten Sie sich im Spiegel.

Pinkeln Sie in die Dusche, versuchen Sie, den Abfluss zu treffen.

Brausen Sie sich ab und steigen Sie aus der Dusche. Übersehen Sie, dass sich Wasser auf dem Boden angesammelt hat, weil Sie während des Duschens den Vorhang offen gelassen haben.

Trocknen Sie sich flüchtig ab.

Betrachten Sie sich im Spiegel, spannen Sie die Muskeln an und bewundern Sie erneut die Größe Ihres Schniedels.

Lassen Sie den Duschvorhang zurückgezogen und die nasse Bademattte auf dem Fußboden liegen.

Lassen Sie das Licht und die Lüftung an.

Gehen Sie mit einem Handtuch um die Hüften zurück ins Schlafzimmer. Begegnen Sie dabei Ihrer Frau, reißen Sie sich das Handtuch herunter, packen Ihren besten Freund, rufen: »Yeah, Baby!« und recken ihr aufreizend das Becken entgegen.

Ziehen Sie Ihre Klamotten von gestern ein weiteres Mal an.

Verständigungshilfen

Dingsbums [ˈdinx-bumps] *Subst.* ▶ Für eine Frau: Jedes beliebige Teil unter der Motorhaube eines Autos. ▶ Für einen Mann: Die Schnalle, mit der die Träger eines BHs geschlossen werden.

verletzlich [fär-ˈlezz-lich] *Adj.* ▶ Frau: Einem anderen die intimsten Regungen offenbaren. ▶ Mann: Cricket ohne Helm, Knie- oder Ellbogenschützer spielen.

Kommunikation [kommu-nikka-ˈzjohn] *Subst.* ▶ Frau: Ehrlicher Austausch von Gedanken und Gefühlen mit dem Partner. ▶ Mann: Rasch eine Notiz auf einen Zettel kritzeln, bevor man zum spontanen Wochenendausflug mit den Jungs aufbricht.

Engagement [ang-gasch-ˈmang] *Subst.* ▶ Frau: Das Bedürfnis zu heiraten und eine Familie zu gründen. ▶ Mann: Der Versuch, keine anderen Frauen anzubaggern, während man mit der festen Freundin unterwegs ist.

Unterhaltung [un-ta-ˈhal-tung] *Subst.* ▶ Frau: Ein guter Film, ein gutes Konzert, Theaterstück oder Buch. ▶ Mann: Alles, was man während des Trinkens tun kann.

Flatulenz [fla-tu-ˈlänts] *Subst.* ▶ Frau: Peinliches Nebenprodukt der Verdauung. ▶ Mann: Unerschöpfliche Quelle des Vergnügens, dient der Selbstbestätigung und fördert den männlichen Kameradschaftsgeist.

Liebe machen [ˈlieh-bö ˈma-chng] *Verb.* ▶ Frau: Der höchste Grad an Intimität, den ein Paar erreichen kann. ▶ Mann: Nenne es, wie du willst, Hauptsache, wir landen im Bett.

Fernbedienung [fean-bä-ˈdieh-nung] *Subst.* ▶ Frau: Ein Gerät, um von einem Fernsehsender zum nächsten zu gelangen. ▶ Mann: Ein Gerät, um ständig alle 75 Sender im Auge zu behalten.

Männer, Frauen und Sex

Was ist der Unterschied zwischen PMS und BSE?

**Das eine ist die Krankheit von verrückten Kühen.
Das andere ist ein landwirtschaftliches Problem.**

Zirka 21 bis 28 Tage nach der Menstruation sinkt der Hormonspiegel einer Frau abrupt ab. Es werden schwere Entzugserscheinungen ausgelöst, die man gemeinhin als PMS bezeichnet. In vielen Frauen erzeugt das PMS Gefühle wie Niedergeschlagenheit, Traurigkeit, Depression bis hin zu suizidalen Neigungen. Von 25 Frauen leidet eine so stark unter diesen Hormonschwankungen, dass sie während dieser Tage eine regelrechte Persönlichkeitsveränderung durchmacht.

Seien Sie freundlich zu einer Frau, wenn sie unter dem PMS leidet. Sie könnte bewaffnet sein.

Im **Königreich der Tiere** herrschen
die Lebewesen mit dem höchsten
Testosteronspiegel.

Hormonüberschuss

Testosteron ist das Hormon des Erfolgs, der Leistungs- und der Konkurrenzfähigkeit, doch in den falschen Händen (bzw. Hoden) macht es aus Männern und Männchen wandelnde Zeitbomben. Die meisten Eltern sind sich des schier unersättlichen Appetits bewusst, den ihre Jungs auf gewalttätige Filme haben. Alle brutalen Szenen werden bis ins kleinste Detail gespeichert und sind jederzeit abrufbar. Mädchen haben normalerweise kein Interesse an derartigen Filmen.

Wenn an einer Ampel gehupt wird, ist es in 92 Prozent der Fälle ein Mann. Männer sind für 96 Prozent aller Einbrüche und 88 Prozent aller Morde verantwortlich. Fast alle sexuellen Deviationen treten bei Männern auf, und Untersuchungen von devianten Frauen haben hohe Konzentrationen von männlichen Hormonen in ihrem Blut ergeben.

Der weibliche Geschlechtstrieb

Der weibliche Geschlechtstrieb ist wie ein Elektroherd: Er erwärmt sich nur langsam, bis er dann schließlich richtig heiß ist, und es dauert lange, bis er wieder abkühlt.

Der Geschlechtstrieb der durchschnittlichen Frau steigt allmählich an und erreicht im Alter von 36 bis 38 Jahren seinen Höhepunkt. Das erklärt das »Jugendlicher-Liebhaber-Syndrom« vieler Frauen in diesem Alter. Jüngere Männer bringen die »Leistung«, nach der sich eine reifere Frau sehnt. Die sexuelle Leistungsfähigkeit eines 19-jährigen Mannes entspricht eher den Bedürfnissen einer dreißig- bis vierzigjährigen Frau.

Der männliche Geschlechtstrieb

Der männliche Geschlechtstrieb ist wie ein Gasherd: Er brennt sofort und läuft innerhalb von Sekunden auf Hochtouren, kann aber genauso schnell wieder abgedreht werden, wenn das Essen fertig gekocht ist.

Der Testosteronspiegel eines Mannes nimmt im Alter langsam ab, und entsprechend wird auch sein Geschlechtstrieb schwächer. Der Geschlechtstrieb eines Mannes um die vierzig passt zu dem einer Zwanzigjährigen. Das erklärt, warum es Paare gibt, bei denen ein älterer Mann mit einer jungen Frau liiert ist. Bei diesen Paaren beträgt der Altersunterschied zwischen Mann und Frau in der Regel zehn bis zwanzig Jahre.

**Männer haben in der Menopause
mehr Spaß als Frauen.**
Frauen nehmen zu und haben Hitzewallungen.
Männer verabreden sich mit jungen Frauen
und fahren Motorrad.

No sex, please!
Ich bin eine Frau

Der Geschlechtstrieb einer Frau wird ganz entscheidend von den Ereignissen in ihrem Umfeld bestimmt. Wenn sie Angst hat, gefeuert zu werden, an einem anspruchsvollen Projekt arbeitet, sich die Rückzahlungen für das Eigenheim gerade verdoppelt haben, die Kinder krank sind, wenn sie vom Regen durchnässt nach Hause kommt oder ihr Hund weggelaufen ist, wird Sex das Allerletzte sein, wofür sie sich interessiert. Sie sehnt sich nur danach, ins Bett zu gehen und zu schlafen.

Let's talk about Sex!

Sex, please!
Und bitte sofort

Passiert das Gleiche einem Mann, ist Sex für ihn wie eine Beruhigungstablette: eine Methode, die tagsüber aufgestauten Spannungen abzubauen. Am Ende eines Tages geschieht dann Folgendes: Er macht sie an, und sie schimpft ihn einen gefühllosen Schwachkopf; er bezeichnet sie als frigide, und prompt bekommt er einen Schlafplatz auf der Wohnzimmercouch zugewiesen.

Männern macht es nichts aus, auf der Couch zu schlafen.
Das ist für sie wie Camping.

Eine Frau will viel Sex mit dem Mann, den sie liebt

Es gibt einen kleinen Prozentsatz an Frauen, der ebenso promiskuitiv lebt wie Männer, doch haben diese Frauen in der Regel ganz andere Beweggründe. Um sexuell erregt zu werden, reagiert die Gehirnverkabelung des nesthütenden menschlichen Weibchens auf eine Reihe von Kriterien, die über die simple Verheißung eines aufregenden Sexspiels hinausgehen. Die meisten Frauen wünschen sich eine Beziehung oder doch zumindest die Möglichkeit einer emotionalen Bindung, bevor sie das Verlangen nach Sex verspüren.

Den wenigsten Männern ist klar, dass eine Frau, die das Gefühl hat, dass eine emotionale Brücke geschlagen wurde, nur allzu bereitwillig mit dem Betreffenden für die nächsten drei bis sechs Monate ausdauernde Bettgymnastik betreiben würde.

Viele Männer halten
Monogamie **für eine exotische Holzart**.

Ein Mann will viel Sex

Die Promiskuität ist fest im Gehirn des Mannes verankert. Er ist mit einem Überschuss an Testosteron ausgestattet, um seinem evolutionsgeschichtlich bedingten Drang nach Fortpflanzung nachkommen zu können. Männer sind biologisch gesehen nicht auf totale Monogamie ausgerichtet.

Wenn Männern nicht von irgendwoher ein Dämpfer auferlegt würde, fielen sie in ein bodenloses Loch hirnlosen Bumsens, um das Überleben des Stammes sicherzustellen.

Ein Mann beschließt, am Kreuzzug teilzunehmen. Er findet, dass seine Frau während seiner Abwesenheit einen Keuschheitsgürtel tragen sollte, und hängt ein Schloss an ihren Unterleib. Den Schlüssel dazu übergibt er seinem besten Freund.

»Wenn ich nicht innerhalb von vier Jahren wieder zurück bin«, sagt er zu seinem Freund, »schließt du meine Frau wieder auf, damit sie ein normales Leben führen kann.«

Der Mann reitet davon. Keine halbe Stunde später bemerkt er eine Staubwolke hinter sich. Er wartet, bis sie näher kommt, und sieht seinen besten Freund vor sich.

»Was ist los?« fragt er.

»Du hast mir den falschen Schlüssel gegeben!«

Die meisten Frauen haben beim Geschlechtsverkehr
das Licht lieber aus –
sie können den Anblick
eines Mannes nicht ertragen,
der sich wohl fühlt.

Männer haben beim Geschlechtsverkehr
das Licht lieber an –
so prägen sie sich den Namen
ihrer Bettgenossin leichter ein.

Wenn es um Sex geht, brauchen Frauen einen **Grund**.
Männer brauchen einen geeigneten **Ort**.

Eine Frau will Sex nicht aus den gleichen Gründen wie ein Mann. Eine Frau, die sich auf eine neue Beziehung einlässt, erwartet Romantik und Liebe. Sex ist für sie nur eine Folgeerscheinung.

»Du bist ein lausiger Liebhaber!«, schimpfte sie.
»Wie kannst du das nach zwei Minuten beurteilen?«,
fragte er.

Von einem Kaltstart bis zum Orgasmus braucht ein gesunder Mann im Durchschnitt etwa zweieinhalb Minuten. Bei einer gesunden Frau beträgt der gleiche Durchschnittswert um die 13 Minuten. Für die meisten Säugetiere ist die Kopulation eine flotte Angelegenheit, denn in der Zeit, in der sie sich paaren, sind sie den Angriffen von Raubtieren und Feinden schutzlos ausgeliefert.

Mit der »schnellen Nummer« stellte die Natur
das **Überleben der Spezies** sicher.

Frauen werden über ihre Ohren stimuliert

Wenn eine Frau einen **nackten Mann** erblickt,
bricht sie normalerweise
in **Gelächter** aus.

Frauen, denen ein weitaus größeres Sensorium zur Verfügung steht als nur der Sehnerv, wollen lieber zärtliche Worte hören als attraktive Körper sehen. Die Aufnahmebereitschaft einer Frau für Komplimente ist so stark ausgeprägt, dass viele Frauen gar die Augen schließen, wenn ihre Liebhaber ihnen süße Nichtigkeiten ins Ohr raunen.

Männer werden über ihre Augen stimuliert

Wenn ein Mann eine **nackte Frau** sieht,
wirkt das auf ihn **stimulierend**
und erregend.

Das Gehirn eines Mannes ist darauf programmiert, auf die körper-
lichen Rundungen einer Frau zu reagieren, und aus diesem Grund
üben erotische Bilder eine so große Wirkung auf ihn aus.

Warum Männer Frauen hinterherschielen

Wenn eine Frau mit einer guten Figur vorbeispaziert, dreht ein Mann – der ja bekanntlich über kein besonders gutes peripheres Sehvermögen verfügt – den Kopf, um ihr nachzuschauen, und fällt in einen trance-artigen Zustand. Er hört auf, mit den Augen zu zwinkern, und sein Mund füllt sich mit Speichel – ein Zustand, den Frauen als »Hinter-hergeifern« bezeichnen. Wenn ein Paar die Straße entlangspaziert und Fräulein Minirock auf der anderen Straßenseite auf die beiden zutän-zelt, wird die Frau – die ja ein ausgezeichnetes peripheres Sehvermö-gen im Nahbereich hat – sie noch vor dem Mann erspähen. Sie wird sich schnell mit der möglichen Rivalin vergleichen und dabei in der Regel selbst eher schlecht abschneiden. Wenn der Mann endlich auf die andere Frau aufmerksam geworden ist, reagiert seine Frau auf sein »Gaffen« ungehalten. In dieser Situation hat eine Frau im Allgemeinen zwei negative Gedanken: Zum einen denkt sie fälschlicherweise, dass der Mann die andere Frau ihr vorziehen würde, zum anderen, dass sie nicht so attraktiv ist wie die andere. Männer werden visuell von Run-dungen, langen Beinen und einer aufregenden Figur angezogen. Jede beliebige Frau mit der richtigen Figur und den richtigen Proportionen zieht die Aufmerksamkeit des Mannes auf sich.

Das bedeutet allerdings nicht, dass der Mann sofort zu der anderen Frau rüberlaufen und sie ins Bett schleifen will. Es erinnert ihn ledig-lich daran, dass er ein Mann ist und dass es seine evolutionsbiologisch bedingte Aufgabe ist, nach Gelegenheiten Ausschau zu halten, um zur Vergrößerung seines Stammes beizutragen. Denn schließlich kennt er die Frau gar nicht und kann deswegen auch nicht ernsthaft daran den-ken, eine langfristige Beziehung mit ihr einzugehen.

Das Gleiche trifft auf einen Mann zu, der Bilder in einem Männer-magazin betrachtet. Wenn er sich die Abbildung einer nackten Frau ansieht, überlegt er sich nicht, ob sie vielleicht ein nettes Wesen hat, kochen oder Klavier spielen kann. Er betrachtet ihre Formen, ihre Rundungen und ihre anatomische Ausstattung – nichts weiter. Für ihn ist das, als ob er in einem Schaufenster einen von der Decke hängenden Räucherschinken bewunderte.

Wir wollen hier nicht das unhöfliche, unverhohlene Gaffen nach anderen Frauen entschuldigen, das einige Männer nicht lassen können. Wir versuchen nur zu erklären, dass ein Mann, den man beim Betrachten einer anderen Frau erwischt, nicht notgedrungen seine Partnerin nicht mehr liebt – hier ist eben einfach die Biologie am Werk. Studien haben interessanterweise auch gezeigt, dass Frauen viel mehr »spannen« als Männer. Doch mit dem besseren peripheren Sehvermögen ausgestattet, werden sie seltener erwischt.

Frauen müssen verstehen lernen, dass seine Biologie dem Mann keine andere Wahl lässt, als auf bestimmte weibliche Formen und Rundungen zu reagieren, dass sie sich dadurch allerdings nicht bedroht zu fühlen brauchen. Eine Frau kann ganz leicht die Situation entschärfen, indem sie die andere Frau zuerst bemerkt und als Erste einen Kommentar abgibt. Und ein Mann muss verstehen lernen, dass keine Frau es schätzt, wenn sie sieht, wie er anderen Frauen hinterherschielt.

Was Frauen erwarten

1. **Persönlichkeit**

2. **Humor**

3. **Einfühlungsvermögen**

4. **Köpfchen**

5. **Guter Körperbau**

Was Männer glauben, was Frauen erwarten

1. **Persönlichkeit**

2. **Guter Körperbau**

3. **Humor**

4. **Einfühlungsvermögen**

5. **Gutes Aussehen**

Männer haben ein **gutes Gespür** dafür,
was Frauen erwarten.

Was Frauen glauben, was Männer erwarten

1. **Gutes Aussehen**

2. **Gute Figur**

3. **Busen**

4. **Hintern**

5. **Persönlichkeit**

Ich kann für dich schön sein, witzig sein, sexy sein, mütterlich sein oder auch geschäftstüchtig sein. Zwei Sachen darfst du dir aussuchen!

Was Männer erwarten

1. **Persönlichkeit**

2. **Gutes Aussehen**

3. **Köpfchen**

4. **Humor**

5. **Gute Figur**

Frauen **verstehen zumeist nicht**,
was Männer wirklich wollen.

Was Frauen anmacht

1. **Romantik**

2. **Bereitschaft, Verpflichtungen einzugehen**

3. **Miteinander kommunizieren**

4. **Intimität**

5. **Zärtlichkeiten ohne sexuellen Hintergrund**

Frauen sind auditiv und emotional veranlagt und wollen **Zärtlichkeit und Romantik**.

Was Männer anmacht

1. **Pornographie**

2. **Weibliche Nacktheit**

3. **Abwechslung beim Sex**

4. **Reizwäsche**

5. **Verfügbarkeit der Frau**

Männer sind visuell veranlagt
und wollen **Sex**.

Wie man eine Frau
immer und überall zufrieden stellt

 Man muss sie liebkosen, loben, verhätscheln, massieren, ihr Sachen re-
parieren, sich in sie hineinversetzen, ihr ein Ständchen bringen, ihr
Komplimente machen, sie unterstützen, ernähren, beruhigen, reizen,
ihr ihren Willen lassen, sie beschwichtigen, anregen, streicheln, trös-
ten, in den Arm nehmen, überflüssige Pfunde ignorieren, mit ihr ku-
scheln, sie erregen, ihr beruhigende Worte zuflüstern, sie beschützen,
sie anrufen, ihr jeden Wunsch von den Augen ablesen, mit ihr rum-
knutschen, sich an sie schmiegen, ihr verzeihen, ihr nette Kleinigkeiten
mitbringen, sie unterhalten, bezaubern, ihr die Einkaufstasche tragen,
gefällig sein, sie faszinieren, sich um sie kümmern, ihr vertrauen, sie
verteidigen, sie einkleiden, mit ihr angeben, sie heiligen, anerkennen,
verwöhnen, umarmen, für sie sterben, von ihr träumen, sie necken,
ihr Befriedigung verschaffen, sie drücken, mit ihr nachsichtig sein, sie
zum Idol erheben, den Boden unter ihren Füßen verehren.

Wie man einen Mann
immer und überall zufrieden stellt

Erscheinen Sie nackt.

Was Frauen vom Sex erwarten

 Eine Frau empfindet Sex als befriedigend, wenn eine Spannung über einen längeren Zeitraum hinweg langsam aufgebaut wird. Voraussetzung hierfür ist, dass der Mann ihr viel Aufmerksamkeit und Gehör schenkt. Er will sich entleeren, sie sucht Erfüllung. Wenn ein Mann diesen Unterschied versteht, kann er ein einfühlsamer Liebhaber werden. Die meisten Frauen brauchen mindestens dreißig Minuten Vorspiel, bevor sie bereit zum Sex sind. Männer brauchen ungefähr dreißig Sekunden, und die meisten betrachten die Fahrt zu ihrer Wohnung bereits als Vorspiel.

Nach dem Geschlechtsverkehr ist die Frau high vor lauter Hormonen und könnte Bäume ausreißen. Sie will jetzt zärtlich sein, schmusen und reden. Ein Mann dagegen – wenn er nicht bereits eingeschlafen ist – entzieht sich ihr manchmal, indem er aufsteht und »etwas tut«, wie zum Beispiel Kaffee kochen. Der Grund hierfür ist, dass ein Mann sich stets und überall als Herr der Lage fühlen muss, und während eines Orgasmus verliert er kurzzeitig die Kontrolle über sich. Indem er aufsteht und etwas tut, erlangt er die Kontrolle über sich selbst zurück.

Was Männer vom Sex erwarten

Adam kam zuerst –
aber bei welchem Mann ist das anders?

Männer wollen angestaute Spannung durch einen Orgasmus entladen. Männer drücken körperlich beim Sex das aus, was sie an Gefühlen anderweitig nicht mitteilen können. Wenn ein Mann ein Problem hat, sich beispielsweise Sorgen macht, wie er eine neue Arbeit finden, sein überzogenes Bankkonto sanieren oder eine Meinungsverschiedenheit aus dem Weg räumen kann, wird er gern auf Sex ausweichen, um die Intensität seiner Emotionen zu mildern. Es gibt nur wenige Probleme, die ein Mann haben kann und die sich für ihn nicht durch guten Sex lösen lassen.

Untersuchungen haben ergeben, dass Männer, bei denen sich das Bedürfnis nach Sex auf kritische Weise angestaut hat, Schwierigkeit mit dem Hören, dem Denken, dem Fahren und der Bedienung schwerer Maschinen haben. Auch leidet der Mann dann unter verzerrter zeitlicher Wahrnehmung, so dass ihm drei Minuten vorkommen wie fünfzehn. Wünscht eine Frau eine intelligente Entscheidung von einem Mann, sollte sie damit besser bis nach dem Sex warten, wenn nämlich sein Gehirn wieder klar ist.

Frauen reden beim Sex

Wenn ein Mann während des Geschlechtsverkehrs
reden wollte, müsste er auf seine
linke Gehirnhälfte umschalten.
Bei einer Frau können Sex und Reden
gleichzeitig ablaufen.

Für eine Frau ist das Reden ein äußerst wichtiger Bestandteil des Vorspiels, denn für sie bedeutet es alles. Um den Bedürfnissen einer Frau gerecht zu werden, muss ein Mann während des Vorspiels viel und zärtlich mit ihr reden. Eine Frau muss dafür während des Geschlechtsverkehrs auf das Reden verzichten und sich statt dessen auf unartikulierte Lautäußerungen beschränken, um einen Mann bei Laune zu halten – häufige »Ohhhs« und »Ahhhs« sind die positive Rückmeldung, die ein Mann braucht, um Befriedigung zu erlangen. Wenn eine Frau während des Sexspiels redet, fühlt sich der Mann unter Umständen dazu verpflichtet, ihr zu antworten, und der schöne Moment kann wie eine Seifenblase zerplatzen.

Warum Männer während des Geschlechtsverkehrs nicht reden können

Die meisten Männer können sich nicht auf mehrere Tätigkeiten gleichzeitig konzentrieren. Wenn ein Mann eine Erektion hat, dann hat er Schwierigkeiten mit dem Reden, Zuhören und Fahren, und das ist auch der Grund, warum Männer selten während des Geschlechtsverkehrs reden. Männer lieben es, wenn eine Frau ihnen erzählt, was sie alles mit ihm anstellen will und wird, je ordinärer, desto besser – allerdings nur *vor* dem Geschlechtsverkehr, nicht währenddessen. Es kann passieren, dass ein Mann sein Ziel aus den Augen verliert (und damit auch seine Erektion), wenn die Frau während des Geschlechtsverkehrs plötzlich zu reden anfängt. Während ein Mann Sex hat, ist seine rechte Gehirnhälfte aktiviert, und Gehirn-Scans haben gezeigt, dass er so beschäftigt ist mit dem, was er gerade treibt, dass er praktisch taub ist.

Eines Tages kam Gott zu Adam und sagte: »Ich habe eine gute und eine schlechte Nachricht.«

»Erzähl mir zuerst die gute.«

»Ich habe zwei neue Organe für dich. Das eine ist ein so genanntes Gehirn. Dadurch wirst du sehr intelligent, erfindest neue Dinge und kannst wunderbare Gespräche mit Eva führen. Das andere Organ, das ich für dich habe, heißt Penis. Es erlaubt dir, deine neue intelligente Lebensform zu reproduzieren und auf diesem Planeten zu verbreiten.«

Ganz aufgeregt rief Adam: »Das sind ja großartige Geschenke, die du mir da machst! Aber nun sag mir doch, was für eine schlechte Nachricht du für mich hast!«

»Die schlechte Nachricht ist, dass du nur so viel Blut hast, um diese beiden Organe immer nur abwechselnd benutzen zu können.«

Warum Frauen es ganz richtig finden, dass Computer ein Wort männlichen Geschlechts ist

1. Um ihre Aufmerksamkeit zu erregen, muss man sie anmachen.

2. Es kommt eine Menge Daten aus ihnen heraus, und trotzdem haben sie nicht den geringsten Durchblick.

3. Angeblich helfen sie einem, wenn man ein Problem hat, doch in den meisten Fällen sind sie selbst das Problem.

4. Sobald man sich auf einen einlässt, stellt man fest: Hätte man nur ein wenig länger gewartet, hätte man ein besseres Modell bekommen.

Warum Männer nicht verstehen können, dass es nicht »die Computerin« heißt

1. Niemand außer Gott begreift ihre innere Logik.

2. Die Sprache, die sie benutzen, um mit anderen Computern zu kommunizieren, versteht niemand außer ihnen selbst.

3. Jeder noch so kleine Fehler, den man gemacht hat, wird auf ewige Zeiten gespeichert und ist ständig abrufbar.

4. Sobald man sich für einen entscheidet, geht die Hälfte des Gehalts für ihn drauf.

Ehe, Liebe und Romanzen

Monogamie

Für Frauen ist die Ehe eine Art Erklärung vor der ganzen Welt, dass ein Mann sie als »besonders« empfindet und eine monogame Beziehung mit ihr anstrebt. Das Gefühl, etwas »Besonderes« zu sein, wirkt sich stark auf die chemischen Vorgänge im Gehirn einer Frau aus. Forschungsergebnisse, die gezeigt haben, dass die Orgasmusrate einer Frau im ehelichen Bett vier- bis fünfmal und in einer monogamen Beziehung immerhin noch zwei- bis dreimal höher als bei anderen Frauen ausfällt, belegen das eindrücklich.

Der Sex ist der Preis,
 den Frauen für die Ehe zahlen.

Die Ehe ist der Preis,
 den Männer für den Sex zahlen.

Die Ehe hat ihre guten Seiten.
Sie erzieht zu Loyalität, Nachsicht, Toleranz,
 Selbstbeschränkung und anderen wertvollen
Eigenschaften, die man nicht braucht,
 wenn man Single bleibt.

Polygamie

Die meisten Männer glauben, dass ein kleiner Seitensprung hier und da ihrer Beziehung keinen Abbruch tue, weil Männer kaum ein Problem damit haben, Sex und Liebe auseinander zu halten. Für Frauen gehen Sex und Liebe jedoch Hand in Hand. Für sie kann sein Techtelmechtel mit einer anderen gleichbedeutend mit Hochverrat sein und einen ausreichenden Grund darstellen, die Beziehung zu beenden.

Ich liebe dich

Die Worte »Ich liebe dich« auszusprechen stellt für eine Frau kein Problem dar. Aufgrund ihrer Gehirnstruktur ist die Welt einer Frau voller Gefühle, Emotionen, Kommunikation und Worte. Eine Frau weiß, dass sie, wenn sie sich beschützt, begehrt und bewundert fühlt und sie sich in der Bindungsphase befindet, den Betreffenden wahrscheinlich liebt. Eine Frau erkennt es, wenn es sich nicht um Liebe handelt. Aus diesem Grund setzt auch meistens sie den Schluss-Strich unter eine Beziehung und nicht er.

**Eine Frau erkennt es,
wenn es sich nicht um Liebe handelt.**
Aus diesem Grund geht die Initiative,
den Schluss-Strich unter eine Beziehung zu setzen,
auch meist von ihr aus.

Warum Männern »Ich liebe dich« nur schwer über die Lippen kommt

Ein Mann ist sich nicht so ganz sicher, was Liebe eigentlich ist, und vielfach verwechselt er Lust und Verliebtheit mit Liebe. Er weiß nur, dass er seine Hände nicht von ihr lassen kann ... ist das vielleicht Liebe? Sein Gehirn ist vor lauter Testosteron umnebelt, er hat ständig eine Erektion und kann nicht klar denken. Häufig vergehen nach dem Beginn einer Beziehung Jahre, bis ein Mann im Nachhinein erkennt, dass er damals verliebt war.

Viele Männer schrecken vor Verpflichtungen zurück. Sie fürchten, dass sie sich für den Rest ihres Lebens festlegen, wenn sie das Wort »Liebe« in den Mund nehmen, und dass für sie dann Whirlpools mit nackten Supermodels definitiv in unerreichbare Ferne rücken. Wenn ein Mann endlich seine Phobie überwindet und die schicksalsschweren drei Worte ausspricht, dann will er es jedem und allen erzählen, und das überall. Die wenigsten Männer bemerken dabei den Anstieg in der Orgasmuskurve ihrer Partnerin, sobald sie den leidigen Satz ausgesprochen haben.

Einen Mann loszuwerden, ohne seine Männlichkeit zu verletzen, ist ein Problem. »Verschwinde!« oder »Ich will dich nie mehr wiedersehen!« könnte er als Herausforderung ansehen. Wer einen Mann loswerden will, sollte zu ihm sagen: »Ich liebe dich ... Ich möchte dich heiraten ... Möchte Kinder mit dir haben ...« Manche Männer hinterlassen dann sogar Schleuderspuren.

Schlussbemerkung

Beziehungen zwischen Frauen und Männern funktionieren, und das trotz der überwältigenden Unterschiede zwischen den Geschlechtern. Das ist größtenteils das Verdienst der Frauen, denn sie haben die nötigen Fähigkeiten, um Beziehungen und Familien zusammenzuhalten. Frauen können zwischen den Zeilen lesen und Verhaltensweisen richtig deuten. Dadurch sind sie in der Lage, mögliche Folgen vorherzusehen oder frühzeitig einzugreifen, um Probleme im Keim zu ersticken. Allein diese Fähigkeit würde ausreichen, um aus der Welt einen sichereren Aufenthaltsort zu machen, wenn nur jedes Staatsoberhaupt eine Frau wäre. Männer erfüllen die nötigen Voraussetzungen, um zu jagen und Beute mitzubringen, ihren Weg zurück nach Hause zu finden, in die Flammen zu starren und sich fortzupflanzen – doch damit erschöpft sich ihr Repertoire. Sie müssen, ebenso wie die Frauen, neue Wege finden, um mit den Anforderungen, die das Leben in der modernen Gesellschaft an sie stellt, besser umzugehen.

Beziehungen bekommen Risse, wenn Männer und Frauen sich nicht darüber im Klaren sind, dass es biologische Unterschiede zwischen ihnen gibt, und wenn nicht beide Partner aufhören, vom anderen zu verlangen, dass er der eigenen Erwartungshaltung gerecht wird. Einen guten Teil des Beziehungsstresses kann man darauf zurückführen, dass Männer und Frauen fälschlicherweise glauben, dass sie gleich wären und die gleichen Prioritäten, Bedürfnisse und Wünsche hätten.

Zum ersten Mal in der Geschichte der Menschheit werden Jungen und Mädchen auf dieselbe Art und Weise erzogen. Wir bringen ihnen bei, dass sie gleich sind und die gleichen Fähigkeiten haben. Als Erwachsene heiraten sie, wachen eines schönen Morgens auf und stellen fest, dass sie so unterschiedlich sind wie Tag und Nacht. Es ist kaum verwunderlich, dass junge Leute so viele Probleme mit ihren Beziehungen und Ehen haben. Jegliches Konzept, das auf dem Gedanken der

Geschlechtergleichheit aufbaut, steht auf wackeligem Boden. Denn hier wird von Männern und Frauen gleiches Verhalten vorausgesetzt, obwohl beide komplett verschiedene Gehirnstrukturen haben. Manchmal fällt es recht schwer zu verstehen, warum die Natur eine so offensichtliche Inkompatibilität der beiden Geschlechter herbeigeführt hat. Doch der Schein trügt – das eigentliche Problem liegt darin, dass unsere Biologie sich nicht schnell genug an unser heutiges Umfeld anpassen kann.

Die positive Seite daran ist, dass es uns – haben wir erst einmal die Entstehungsgeschichte der geschlechtsspezifischen Unterschiede verstanden – nicht nur leichter fällt, mit diesen Unterschieden zu leben, sondern dass wir auch besser mit ihnen umgehen können und sie schätzen lernen.

Männer streben nach Macht, Erfolg und Sex. Frauen streben nach Beziehungen, Stabilität und Liebe. Sich darüber aufzuregen ist ungefähr so sinnvoll, wie den Himmel zu verfluchen, dass er Regentropfen zur

Erde schickt – regnen wird es dennoch. Und wenn man sich damit abfindet, dass es möglicherweise bald regnen wird, kann man auch damit umgehen: Man kann einen Regenmantel oder einen Regenschirm mitnehmen, und schon ist das Problem gelöst. Ähnlich kann man auch Probleme in Beziehungen vorhersehen, die aufgrund der geschlechtsspezifischen Unterschiede zwischen Männern und Frauen auftreten, und Konflikte entsprechend entschärfen.

Tag für Tag ermöglichen uns Gehirn-Scans neue und aufregende Einsichten in die Funktionsweise des Gehirns, die uns Erklärungen zu vielen Dingen liefern, welche wir bislang für selbstverständlich gehalten haben. Die meisten Menschen brauchen aber keine millionenschweren Geräte zum Messen von Gehirnströmen, um zu wissen, dass Männer nicht zuhören und Frauen keine Straßenkarten lesen können – die Geräte erklären oft nur das, was ohnehin schon offensichtlich ist.

Es ist erstaunlich, dass wir zu Beginn des 21. Jahrhunderts in den Schulen immer noch kein Fach lehren, das uns die Unterschiede zwischen Männern und Frauen und ihre Beziehungen zueinander näher bringt. Lieber untersuchen wir Ratten, die in Labyrinthen herumrennen, oder sehen zu, wie ein Affe einen Salto rückwärts macht, wenn er durch die Belohnung mit einer Banane darauf konditioniert wurde. Die Wissenschaft ist eine langsame und schwerfällige Disziplin, bei der es Jahre dauert, bis ihre Ergebnisse in das öffentliche Schul- und Bildungswesen durchsickern.

Daher liegt es nun an Ihnen, liebe/r Leser/in, ob Sie sich entsprechend »umerziehen« wollen oder nicht. Denn nur wenn Sie selbst sich dazu entschließen, besteht die Hoffnung, dass Ihre Beziehungen so glücklich und erfüllend sein werden, wie jede Frau und jeder Mann es verdient haben.

Die ganze Wahrheit über Männer und Frauen

Allan und Barbara Pease werfen einen amüsanten Blick auf die kleinen, aber bedeutsamen Unterschiede zwischen Mann und Frau. Intelligent, geistreich und kontrovers verbinden sie neueste Erkenntnisse der Gehirn- und Evolutionsforschung mit aktueller Verhaltenspsychologie. Endlich eine Antwort auf die Frage, warum Frauen und Männer so sind, wie sie sind, und warum sie gerade deshalb so wunderbar miteinander auskommen können.

Allan & Barbara Pease

Warum Männer nicht zuhören und Frauen schlecht einparken

Ganz natürliche Erklärungen für eigentlich unerklärliche Schwächen

Der internationale Bestseller!

ULLSTEIN TASCHENBUCH

»Eine politisch hinreißend
unkorrekte Beziehungskistenfibel«
Stern

Lügen Männer wirklich häufiger als Frauen? Natürlich! Aber warum? Kaufen Frauen Schuhe, weil sie neue brauchen? Oder weil sie emotional »Dampf« ablassen müssen? Und was passiert, wenn die beiden so verschieden geprägten Geschlechter miteinander auskommen wollen? Anhand neuester Erkenntnisse der Verhaltens- und Hirnforschung, gewürzt mit zahlreichen witzigen Beispielen aus der Beziehungskiste, analysieren Allan und Barbara Pease alle Facetten dieser unerklärlichen wie unvermeidlichen Liaison zwischen den Geschlechtern.

Allan & Barbara Pease

Warum Männer lügen und Frauen immer Schuhe kaufen

Ganz natürliche Erklärungen für eigentlich unerklärliche Beziehungen

ULLSTEIN TASCHENBUCH

Der große Partnerschaftstest zum Millionenseller Warum Männer nicht zuhören und Frauen schlecht einparken

Trotz der kaum überbrückbaren Unterschiede zwischen den Geschlechtern können wir einfach nicht voneinander lassen und wagen immer wieder das schier aberwitzige Abenteuer einer Partnerschaft. Doch jetzt können Sie Ihre Beziehung auf die Probe stellen – allein oder zusammen mit Ihrem Partner: Wagen Sie den hinreißend erfrischenden Beziehungstest von Allan und Barbara Pease – das Ergebnis wird für jeden ein »Aha-Erlebnis« sein!

Allan & Barbara Pease

Das Testbuch

Warum Männer nicht zuhören und Frauen schlecht einparken

Originalausgabe

ULLSTEIN TASCHENBUCH

Der Bestsellerautor, der den Unterschied zwischen Mann und Frau kennt!

Männer sind vom Mars – Frauen von der Venus: So unterschiedlich wie Mars und Venus, so grundverschieden sind Männer und Frauen in ihrem Denken, Fühlen und Handeln. Das Geheimnis einer guten Beziehung liegt darin, diese Unterschiede zu erkennen, zu akzeptieren und damit umzugehen. Wie beide die Harmonie finden können, nach der sich jeder sehnt: Das zeigt dieses Buch – einfühlsam und verständlich.

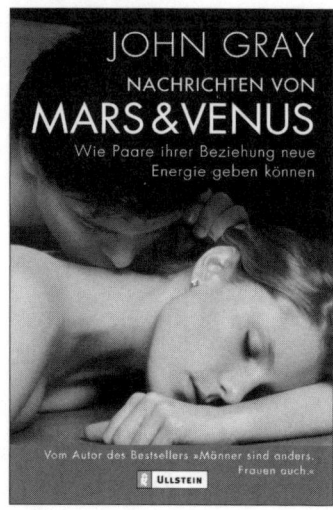

John Gray

Nachrichten von Mars & Venus

Wie Paare ihrer Beziehung neue Energie geben können

ULLSTEIN TASCHENBUCH

US120